紙とペンがあれば誰でも書ける

いちばんやさしい遺言書ガイド

弁護士・中小企業診断士
大竹夏夫 著

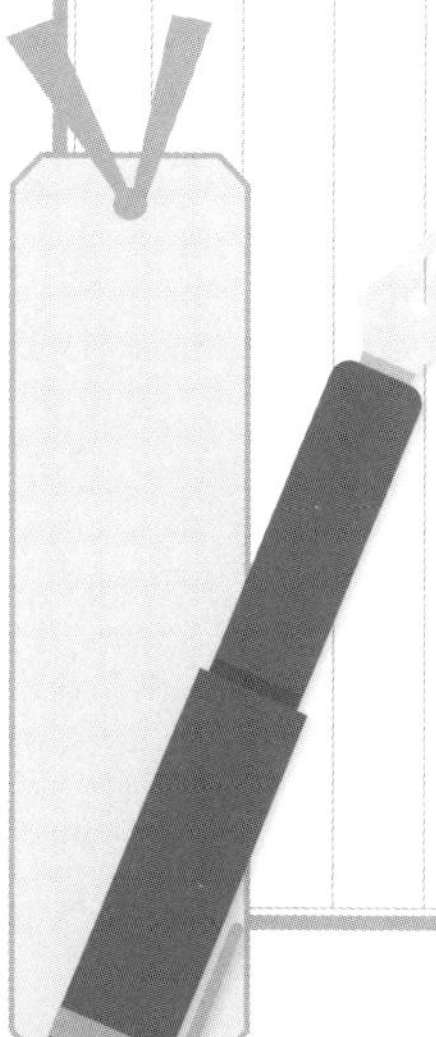

秀和システム

はじめに

「自分が死んだ後のことを考える」

遺言書を書く、というと、そのようなイメージを持たれる方は多いのではないでしょうか。あまり気乗りがしない、いい気分で取り組めることでもない……と、必要だとはわかっていても後回しにしている方もいらっしゃるかもしれません。遺産だの、相続だのと、それだけでややこしくて面倒な話だと思ってしまう気持ちもわかります。

ですが、私は皆さんにいつもお伝えしていることがあります。

「遺言書とは、自分の〝想い〟を形にするものです」

遺言書を書くことは、自分の人生を振り返ることです。自分がこれまで築いてきたものを、自身が亡くなった後、周りの人達にどのようにしてほしいのか。それは、これまで大事にしてきたものは何か、それを支えてくれた人は誰なのか、その人のおかげで自分はどういられたのか、そうした感謝の気持ちを表すことだともいえるでしょう。

自分にとって大切なものをどうしていきたいのか、そのことを誰に理解してほしいのかを、大切な人たちに伝える手段が遺言書なのです。


遺言書を作るのに特別な道具は必要ありません。紙とペン、印鑑があれば十分です。大事なのは正しい書き方で、自分の想いをきちんと伝えることです。

本書では、そのために必要な知識や方法を、できる限りわかりやすく説明しています。


あなたにとって大切な人たちが、あなたの気持ちを理解してくれ、悲しみの中で悩んだり争ったりしないように。

これまでの人生を見つめ直し、これから先を晴れやかな気持ちで過ごすために。

すべての人が、遺言書を書くことが当たり前の社会になることを、心から願っています。

弁護士・中小企業診断士　大竹 夏夫

目次

はじめに 003

第1章 そもそも遺言書って何?

遺言書の基本を知ろう 012
遺言書を作成するときのポイント 015
エンディングノートとの違い 020

第2章 自筆証書遺言と公正証書遺言の違い

まずは遺言書の方式について知ろう 024
自筆証書遺言とは 027
公正証書遺言とは 031
自筆証書遺言と公正証書遺言のまとめ 037

コラム 秘密証書遺言はどういうもの? 040

第3章 遺言書は書くべき? 書かなくてもいい?

こんな人は必ず遺言書を書いておきましょう 042
相続に「うちは大丈夫」はありません 042
家族が相続でもめるのを避けたい人 044
相続税対策をしたい人 044
相続税対策の注意点 045
こんな人も実は遺言書が必要です 046
おふたり様(夫婦のみの方) 046
おひとり様(家族がいない方) 047

第4章 もしも遺言書がなかったら? 実際の相続手続きを学ぼう

遺言書がないとどうなる? 050
避けられないソウゾク争い 050
相続人と相続分 050

いろいろな相続のパターン 052
配偶者と子どもがいる場合 052
子どもだけがいる場合 054
親だけがいる場合 055
子どもがいたが既に亡くなっている場合 056
配偶者と親がいる場合 058
配偶者と兄弟・姉妹がいる場合 060
甥・姪がいる場合 062
兄弟姉妹だけがいる場合 064
相続人がひとりもいない場合 066

相続に必要な手続き
――協議・調停・審判・放棄―― 067
相続人が複数いる場合――遺産分割協議 067
相続人同士の意見がまとまらない場合――調停 068
調停でも全員の合意がとれない場合――審判 070
どうにもならない場合――裁判 070
相続人が行方不明の場合 071
相続の放棄 072

第5章 相続でよく起こるトラブルとは？

なぜ、相続になるともめるのか？ 076
どんなに仲がよくても…… 076
相続の話し合いをこじれさせる人 077
介護の苦労は考慮されにくい 078
とにかく相続争いは時間がかかる 079

トラブルになりやすいパターン 080
不動産がある場合 080
元配偶者との間に子どもがいる場合 081
隠し子がいる場合 083
相続人以外の人に相続したい場合――寄与分 084
コラム 隠し子がいることを隠しとおす？ 087
コラム 長い長い相続争いの例 089

第6章 遺言書に書く内容を考えてみよう

遺言書に書くべき内容とは
遺言書に書くことは決められている 092
相続分・遺産分割方法の指定 092
贈与・寄付の指定 094
墓守りの指定 095
後見人の指定 096
遺言執行者の指定 097
その他……子どもの認知、財団設立など 098
遺言書に書かなくてもいいこと 098
遺言書に想いは残せる? 100
「付言」=「遺言書に書いても効力がないこと」 100

第7章 実際に書く前に——遺言書をめぐるトラブルを知っておこう

いざ、書く前に…… 101
遺言書にありがちなトラブルとは? 104
よくあるのは、「遺言書自体の問題」「遺言を書いた人の問題」 104
遺言書自体の問題 105
筆跡のトラブル 105
文章のトラブル 106
日付がない 107
署名の問題 108
印影の問題 108
遺言書を書いた人の問題 109
遺言者が認知症である 109
遺言者に後見人が就いている 110

認知症の疑いがある人が遺言書を書くときの注意点 111
遺言書が無効だと思った場合は、どのように争うのか？ 112
遺言書が有効ではないと考えたときは 112
［判例］公正証書遺言だって無効になることもある 113

第8章 自筆証書遺言を書いてみよう！

遺言書を書く前に準備するもの 116
遺言書を作るのに必要なものは？ 116
筆記用具はどんなものがいいか？ 117
遺言を書く紙を用意する 118
印章を用意する 118
遺言書を入れる封筒を用意する 119
自筆証書遺言を書くときの流れ 120
遺言書の本文を自分で書く 120
日付を書く 121
署名する 121
印鑑を押す 122
封筒に入れる？ 122
どこに保管する？ 122
具体的に、書く内容を確認しよう 123
遺言書は中身が大切 123
財産をあげる人を確認する 124
＊相続人と相続させたい財産のリスト 125
自分の資産を調べる 126
＊入手しておきたい資産情報 128
いざ、書いてみよう 129
まずは冒頭から 129
＊遺言書の書き方例 130
＊最もシンプルな遺言書の文例 132
財産と相続させる人を1条ずつ書く 133
＊1人に土地含むすべての財産を相続させる文例 134
＊1人に相続させ、もしもの場合にも備える文例 134
＊相続分と異なる割合で分割する文例 135

＊換金精算して分割する文例 135
＊特定の相続人に相続をさせないときの文例 135
＊内縁関係者に財産を残す文例 136
＊未成年後見人を指定する文例 136
財産の分け方 137
財産目録を作る 139
＊財産目録の文例 140
財産を与えたくない相続人がいる場合——廃除 141
注意！　相手が先に亡くなってしまったら…… 142
「相手が亡くなったら●●する」はNG？ 143
複雑な場合は専門家に相談を 144
「付言」で家族への感謝を形にする 145
参考　遺言書の文例集 146
迷ったときはいろいろな文例を参考に 146
＊文例①子どもたちに不動産とそれ以外の財産を分けて相続させる遺言書 147
＊文例②二人の娘に同額の預金を、同居してくれた長男夫婦に多めに預金を相続・遺贈させる遺言書 150
＊文例③夫が一人息子に財産と祭祀財産を相続させ、遺言執行者を指定する遺言書 151
＊文例④団体に遺贈する場合の遺言書 152
＊文例⑤子を認知し、相続させる遺言書 153

第9章　遺言書を書いてから

作成した遺言書はどのように保管する？ 156
そのままか、封をするか 156
自宅で保管する場合 157
自宅以外で保管する場合 158
法務局の保管制度を活用する場合 159
遺言書のことを伝えるべき？ 161
家族に内容を説明してもよいのか 161
遺言書の存在をどのように伝えるのか 162
遺言書を直したくなったらどうするのか 163
遺言書を訂正する方法 163
＊遺言書の訂正の仕方 164
遺言の取り消し（撤回）をする方法 165

迷ったら何度でも作り直そう 165

第10章 意外と知らない遺言者が亡くなった後の手続き
遺言書の「検認」について 168
遺言執行者は必要？ 173
ショートストーリー「検認期日」 177

第11章 遺留分を制する者は遺言書を制する
「遺留分」とは何か？ 184
遺留分の仕組み 188
遺留分対策をどうすべきか 192

第12章 遺言書を書いてもらいたい場合には
遺言書を残してほしい人がいるあなたへ 198

第1章

そもそも遺言書って何？

遺言書の基本を知ろう

そもそも、遺言書とは？

「遺言書《ゆいごんしょ》」という言葉は、聞いたことがないという人はいないくらい、普段からよく耳にする言葉です。また、それがどんなものかはだいたい想像できます。

人によっていろいろなイメージがあるとは思いますが、多くの人が持っているイメージは、**「自分が死んだときに自分の財産をどうするのかについて書いた手紙」**というものではないでしょうか。

これでも間違っていませんが、実際に書くとなると、このように曖昧なままでは書けません。「遺言書」がどのようなものなのかを知っておく必要があります。専門家になる必要はありませんが、法律の制度として知っておくべきことはあります。本書は、そのような最低限の知識が学べるようになっています。

遺言書の意味

遺言書を詳しく知るために、まずは「遺言」の意味を調べてみましょう。辞書で引くと、次のような説明が出てきます。

> 遺言……「死にぎわに言葉を残すこと。また、その言葉」
>
> 引用元『大辞泉』（小学館）

これは一般的な言葉ですね。ですが、法律の制度として見ると、少し違ってきます。法律では、次のように定義されています。

遺言……「人が、死亡後に法律上の効力を生じさせる目的で、遺贈、相続分の指定、相続人の廃除、認知などにつき、民法上、一定の方式に従ってする単独の意思表示」

どうでしょうか？　かえってわかりづらいかもしれませんね。

あまり難しく考えるのはやめましょう。遺言書とは、ひとことでいうと、「自分が死んだ後のことについての意思を記した書類」です。

では、遺言書を作成するときのポイントについて、詳しく説明していきましょう。

遺言書を作成するときのポイント

遺言書を書く際の3つのポイント

遺言書を作成する際のポイントは次の3つです。

1. 自分が死んだ後のことを書く
2. 相続など法律に関することを書く
3. 一定の方式をとる

この3つのポイントについて、詳しく学んでいきましょう。

ポイント1．自分が死んだ後のことを書く

「自分が死んだ後のことである」。これは「遺言書」としての本質的な条件です。自分が死ぬ前のことを書いたら、それは「遺言書」ではなくなってしまいます。

ポイント2．相続など法律に関することを書く

「法律に関することを書く」という点も重要なポイントになります。

遺言書に似たものとしてエンディングノートが挙げられますが、エンディングノートは法律に関すること以外を書くものという特徴があります。この点が遺言書との違いです。

ポイント3．一定の方式をとる

法律に基づく効力が認められるためには、法律で定められた方式によって作成されることが必要になります。

以上のように、3つの条件が満たされていて初めて「遺言書」として成立します。

「ゆいごん」？　それとも「いごん」？

よく、遺言書の読み方について「ゆいごん」なのか「いごん」なのか聞かれることがありますが、どちらも間違いではありません。

一般的には「ゆいごん」と読むことが多いでしょう。対して、法律業界では「いごん」と読むことが多くなっています。

それは「自筆証書遺言」「公正証書遺言」などの専門用語があり、このように頭に言葉が付くと「ゆいごん」よりも「いごん」のほうが発音しやすいためといわれています。

いずれにせよ、読み方はどちらでも構いません。

「遺言書」なのか、「遺言状」なのか？

「ゆいごんしょ」という言い方の他に、「ゆいごんじょう」とも言いますね。何か違うようにも思われますが、基本的には同じです。昔は和紙を使い筆で書くことが多かったので、「状」のほうがふさわしかったのかもしれません。

現代では、便箋に書いたり、Ａ４判で綴じたりしますので、「書」と言ったほうがふさわしいと思います。そうしたことから「ゆいごんしょ」と言うほうが多いようです。

「遺書」との違い

遺言書とよく混同されるものに、「遺書」があります。「遺書」とはいったい何でしょうか？　こちらも辞書で引いてみましょう。

1. 死後のために書き残す文書や手紙。書き置き。遺言状。
2. 後の世に残した書物。遺著。
3. 方々に散りうせた書物。

引用元『大辞泉』より

「遺書」というと、「亡くなる前に書き残すもの」というイメージがあり、「自殺」「自死」などが連想されます。その「遺書」と「遺言書」の違いがわからず、「遺書」＝「遺言書」とイメージしてしまい、「遺言書」に悪い印象を持っている方が少なくないようです。

「遺言書」は、亡くなった後のことを書くものではありますが、残された家族に遺産や想いを託すものであり、とても前向きなものです。

エンディングノートとの違い

エンディングノートは遺言書の代わりになる?

「終活」は平成22年にユーキャン新語・流行語大賞にノミネートされ、平成24年にはトップテン入りし、話題となりました。それに伴い、いわゆる「エンディングノート」も一時期はブームのようにたくさん出版されました。今でも「エンディングノート」を書く人は少なくありません。

この「エンディングノート」は、自分の終末期や死後について、その方針などを書き留めておくノートです。例えば、延命治療のこと、葬儀のこと、お墓のこと、遺族へのメッセージなどを書きます。相続のことをエンディングノートに書くこともあります。

しかし、エンディングノートに書いても、法律上の効力は認められません。

遺言書とエンディングノートの違い

項　目	遺言書	エンディングノート
法的効力があるか	ある	ない
方式・形式が決まっているか	決まっている	決まっていない（自由）
内容は決まっているか	決まっている	決まっていない（自由）
費　用	・自分で作成する場合はかからない ・専門家に頼む場合、公正証書にする場合はかかる	かからない（市販のエンディングノートを使う場合は購入費用が必要）

その点が、「遺言書」との最も大きな違いです。

遺言書とエンディングノートの違い

上の表のように、遺言書とエンディングノートは似ているようで実は全く異なるものです。

ときおり、エンディングノートに、遺産や相続について書いておけば、そのとおり実現されると思っている方もいらっしゃいますが、それは誤解です。

遺産について自分の考えを実現したいときは、必ず必要な条件を備えた遺言書にしておく必要があります。

第１章のまとめ

□ 遺言書のポイントは3つある

　① 自分が死んだ後のこと

　② 相続など法律に関すること

　③ 一定の方式をとること

□ 遺書とは違う。遺言書は前向きなものである

□ エンディングノートは法律上の効果がない点で遺言書と異なる

第2章

自筆証書遺言と公正証書遺言の違い

まずは遺言書の方式について知ろう

3種類の遺言書と方式の違い

第1章で「遺言書」とは一定の方式にしたがって作成したものと定義しました。法律に基づく遺言書は、法律で定められた方式で作成する必要があります。

遺言書には、次の3つの種類があります。

1. 自筆《じひつ》証書《しょうしょ》遺言《いごん》
2. 公正《こうせい》証書《しょうしょ》遺言《いごん》
3. 秘密《ひみつ》証書《しょうしょ》遺言《いごん》

3つめの秘密証書遺言は、「遺言書の内容を、作成した本人以外には秘密にする」というもので、実際にはほとんど使われていません。

本書では、手軽にできる「自筆証書遺言」と、信頼性が高い「公正証書遺言」について、説明します。

作成しやすい遺言書はどれ？

一般的に、多くの人が作成する遺言書には**「自筆証書遺言《じひつしょうしょいごん》」**と**「公正証書遺言《こうせいしょうしょいごん》」**の2種類があります。たいていの人はこの2種類のうちどちらかの方法で作ることになります。

本書で主に説明するのは、この「自筆証書遺言」です。わざわざ「自筆証書」という必要もないのですが、種類がいくつかあるので、便宜上呼び分けをしています。

「自筆証書」というと、堅苦しく思うかもしれませんが、要するに、**「自分で書いた書面」**という意味です。自筆の手紙というイメージですね。

第1章で説明した3つのポイントをきちんと押さえ、自筆で書かれた遺言書を、**「自筆証書遺言」**といいます。

これに対して、「公正証書遺言」は、公証人に作成してもらう遺言書です。
この2つについて、もう少し詳しく見ていきましょう。

自筆証書遺言とは

紙に自筆で書けば自筆証書遺言

自分で書く遺言書です。最も一般的ですね。

紙と筆記用具、印鑑さえあれば作れます。簡単な内容であれば、数分でできてしまいます。お金もかかりません。

早い、安い、うまい？　の三拍子。いいですね。

自筆証書遺言のメリット

1．簡単かつ短時間で作成できる

紙と筆記用具、印章があれば作成できます。作成しようと思ったらすぐに作成できます。時間と場所を選びません。

内容は別として、書く時間もそれほどかかりません。

2．費用がかからない

必要なのは、紙と筆記用具と印章だけです。自宅やオフィスにあるものだけで作成できます。特別な用紙や筆記用具を買わなければ、費用は一切かかりません。

3．保管制度を利用すれば信頼性も高まる

自筆証書遺言には、この後述べるように「保管場所に困る」「紛失・焼失してしまう」「書き換えられる可能性がある」「検認が必要」などのデメリットがありますが、法律改正により令和2年から政府による遺言書の保管制度が始まりました。

これは自筆証書遺言を法務局に保管してもらうことができるというものです。これを利用すれば、紛失・焼失や改ざんといったデメリットがなくなり、さらに検認も不要になります。費用も3900円だけです。保管の手続きの詳細は159ページをご覧ください。

自筆証書遺言のデメリット

1. 筆跡でもめる

遺言書に書かれた字が、本当に遺言者の筆跡なのか、問題になることがあります。もし解決しないときは、筆跡鑑定が必要になります。訴訟《そしょう》に発展することもあります。

2. 遺言書が見つからない

「お父さん、遺言書、書いたって言ってたのに、家中探してもどこにもないよ」なんてことも……。遺言書をどこに保管するかについては、第9章も参考によく考えましょう。

3. 隠ぺい、破棄の恐れがある

もし自分に不利な遺言書を一番最初に見つけたら……。他の相続人には見せない（かもしれません）。

4. 改ざんの恐れがある

「遺言書に『二男に相続させる』と書いてある。一本線を足して『三男』に書き換えてしまおう……」　※戸籍では「次男」ではなく「二男」と書きます。

5. 検認の手続きが必要になる

自筆証書遺言の場合、遺言書が亡くなった後に、それが確かに効力を持つものなのかを必ず**「検認《けんにん》」**することが必要です。遺言書が封緘《ふうかん》されている場合は、検認の手続きをとるまで遺言書を開封できないので、内容を知るまでに数か月かかってしまいます。書くのは簡単ですが、実際に実行するのに時間と手間がかかるということになります。

ただし、法務局の遺言書保管制度を利用すれば検認は不要になります。その場合はこのデメリットはなくなります。

検認については、第10章で詳しく説明します。

公正証書遺言とは

公証人に作成してもらうのが公正証書遺言

公証人に遺言の内容を伝えて「公正証書」として公証人に作ってもらうのが公正証書遺言です。この公正証書は公証人が作成したもの、つまり公文書です。公文書ですから、信用性が高いのがメリットです。改ざんされる心配も、なくなってしまう心配もありません。

ですが、作成する手間がかかります。費用もかかります。

公正証書遺言のメリット

1. 隠ぺい、破棄、改ざんの恐れがない

公正証書遺言（原本）は、公証役場に保管されます。ですから、遺言者以外はこの遺言書には触ることすらできません。安全性は高いといえるでしょう。

2. 紛失の恐れがない

公正証書遺言は、なくなる心配もありません。遺言者には、遺言書の正本と謄本《とうほん》が渡されます。これらは写しです。どんな内容の遺言書を作成したのかを確認するための「控え」なのです。原本は電子ファイル化されるため、災害による焼失などの心配もありません。

3. 何度でも再発行できる

公正証書遺言の原本は公証役場に保管されるので、もし手元の正本や謄本がなくなってしまっても、公証役場に行けば何度でも謄本を発行することができます。この謄本で不動産や銀行預金などの名義変更もできます。

公正証書遺言にはデータベースがあり、検索することができます。といっても、誰でも検索できるわけではありません。相続人が公証役場に行って検索してもらう必要があります。名前と生年月日で、いつ、どの公証役場で作成したかがわかります。

4. 筆跡でもめない

自筆証書遺言の場合は、ときおり「筆跡が違う」という問題が起きます。ですが、公正証書遺言で筆跡の問題は絶対に起きません。なぜなら、公正証書遺言を作成するのは、公証人だからです。公証人は、遺言者の印鑑証明書や身分証明書でもって必ず遺言者の本人確認を行います。

5. 検認手続きが不要

公正証書遺言は、「検認手続き」がいりません。「検認」は、公の人が遺言書を確認して改ざんを防止する制度です。公正証書遺言は、作成時に国家公務員である公証人が確認して作成しているので、検認手続きは不要なのです。そのまま法務局や銀行に持っていき、手続きをとることができます。

公正証書遺言のデメリット

1．手間がかかる

公正証書遺言の作成には、手間がかかります。

まず、役場に提出する多くの書類を揃える必要があります。印鑑登録証明書（もしくは運転免許証やパスポートなどの身分証）、遺言者の戸籍謄本、相続人の戸籍謄本、通帳のコピー、実印などが必要です。これらを集めるだけでなかなか労力がかかります。

作成するときは、事前に公証人に連絡をして相談する、あるいは案文を送って確認してもらう必要があります。実際に作成する際は、公証役場に行き、2人以上の証人に立ち合いをしてもらい、遺言を残す人が作成された遺言を確認して署名・捺印をする必要があります。

2．時間がかかる

公正証書遺言は、作成に時間がかかります。あらかじめ公証人に連絡をして、面談の予約をし、予約日時になったら公証役場に出向いてようやく作成することになります。最初に公証人に連絡をしてから、早くても2週間程度はかかります。

3．書き換えが難しい

このように作成に手間がかかるため、作成した遺言書の内容に不満が出てきたり、書き換えたいと思ったりしても、そう簡単にはできません。

4．費用がかかる

公正証書遺言の作成には現金での支払いが必要になります。支払額は資産の額や人数によって異なります。

例えば、5000万円の自宅を妻に、3000万円の預貯金を長男に相続させる場合、手数料は妻について29000円、長男について23000円、遺言加算が11000円の合計63000円と、書面作成料数千円がかかります。証人への謝礼も必要です。

関係者数が多くなるほど作成手数料が高額になります。

公正証書遺言を作成する場合の手数料（参考：日本公証人連合会）

手数料算出の基準（公証人手数料令第９条別表）	
目的（財産）の価額	**手数料**
100万円以下	5,000円
100万円を超え200万円以下	7,000円
200万円を超え500万円以下	11,000円
500万円を超え1000万円以下	17,000円
1000万円を超え3000万円以下	23,000円
3000万円を超え5000万円以下	29,000円
5000万円を超え1億円以下	43,000円
1億円を超え3億円以下	43,000円に超過額5000万円までごとに13,000円を加算した額
3億円を超え10億円以下	95,000円に超過額5000万円までごとに11,000円を加算した額
10億円を超える場合	249,000円に超過額5000万円までごとに8,000円を加算した額

※その他、上記手数料に加え、「遺言加算」「遺言公正証書の原本、正本、謄本の発行手数料」「公証役場以外で作成した場合にかかる手数料と諸経費」など、場合によってかかる手数料は異なります。詳しくは日本公証人連合会のホームページをご確認ください　https://www.koshonin.gr.jp/notary/ow02

自筆証書遺言と公正証書遺言のまとめ

どちらもメリット・デメリットがある

ここまで、自筆証書遺言と公正証書遺言の違いについてお話ししてきました。さて、どちらのほうがよいのか……。それは、やはり「人による」ということにはなります。手間をかけるのは面倒だし、できるだけ安く済ませたい、遺言について考え始めたばかりだからとりあえずお試しで書いてみたい、そういう方は間違いなく自筆証書遺言でしょう。お金や手間をかけてもいいから、確実な遺言書を残したい。それなら公正証書遺言、ということになります。

相続の内容や人間関係、経済状況は人それぞれなので、絶対にこちら！　というものではありません。ただし、遺言書はどんな人でも絶対に書いたほうがよいことは間違いあり

自筆証書遺言と公正証書遺言のメリット・デメリット比較表

	自筆証書遺言	公正証書遺言
手　間	○ かからない	× かかる
時　間	○ すぐに作れる	× ２週間〜１か月かかる
費　用	○ 無料（保管制度を利用する場合は3,900円）	× 有料（資産の額や人数により異なる）
信用性	△ 筆跡などでトラブルの恐れ	○ 公文書なので信頼性高い
紛失や改ざんのリスク	× 大きい	○ ほとんどない
検認の手間	× 手続きが必要	○ 不要

ません。それもこれから説明していきましょう。

ここまでのおさらいを上の表にまとめておきます。

第２章のまとめ

- □ 一般的な遺言書は「自筆証書遺言」と「公正証書遺言」
- □ 自筆証書遺言は「簡単」「安い」「リスクはある」
- □ 公正証書遺言は「安心」「手間あり」「費用もそれなり」

秘密証書遺言はどういうもの？

コラム

「秘密証書遺言」とは、自分で書いて封筒に入れた遺言書を公証役場で保管してもらう方式の遺言です。自筆証書遺言と公正証書遺言のハイブリッド、と考えると想像しやすいかもしれません。

公証役場で保管されることで、遺言書の存在を公証人が証明してくれるので、紛失や改ざんを防止することができます。遺言書の中身を本人以外に知られないというメリットもあります。

しかし、遺言書の有効性は確認できておらず、無効になる可能性もあります。手間と費用もかかります。そのため、ほとんど利用されていません。

では、そもそもなぜ秘密証書遺言があるのでしょうか？

秘密証書遺言のメリットは、本人以外は遺言書の内容を知り得ないことです。親族だけではなく、公証人や証人でさえ中身を知りません。完全に秘密にしておきたいという人にはぴったりです。

しかし、そもそも公証人や証人は秘密を守る義務がありますので、公正証書遺言の場合も遺言者以外の人には内容を内緒にしておけます。そのため、今ではあえて秘密証書遺言を選ぶ人は少なくなっています。

第3章

遺言書は書くべき？ 書かなくてもいい？

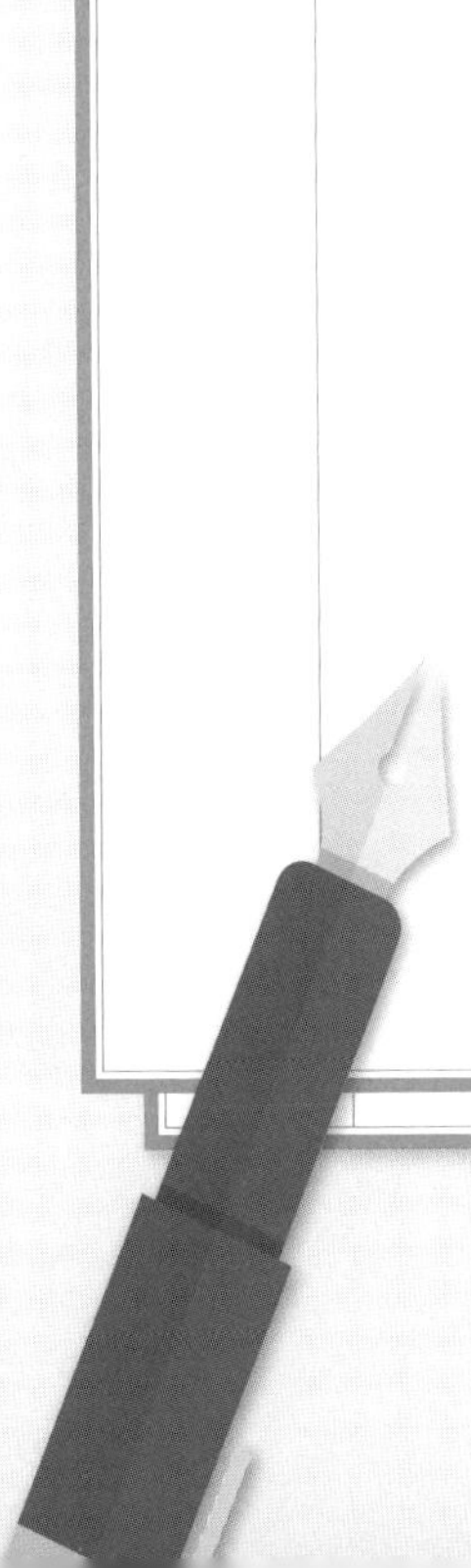

こんな人は必ず遺言書を書いておきましょう

相続に「うちは大丈夫」はありません

「うちは財産が少ないから大丈夫」「賃貸だし、貯金も微々たる額だから……」「兄弟同士仲がいいから、心配はいらないだろう」「夫婦ふたりで相手に残るだけだからわざわざ書かなくても」「独り身だから遺言を残す必要はないよね……」

実はこれ、**全部間違いです。**

遺言書を書かなくていい人は、幼い子どもや赤ちゃん、つまり扶養されている子どもくらいではないかと私は思っています。これまで、弁護士として数多くの遺言書にまつわる相談や相続トラブル、はては相続をめぐる訴訟といった問題に関わってきました。

資産が多い、少ない。家族がいる、いない。借金がある、ない。土地がある、ない。

遺言書というとこういうものを持つ人たちだけのもの、と思うかもしれませんが、この「ある」「ない」はあまり関係ありません。

親子や兄弟・姉妹の関係は複雑です。

家族の1人が亡くなることで、関係性が変わり、あんなに仲がよかったのにいがみあうということもあります。遺産の分け方をめぐって感情的になってしまうこともあります。過去の不満が蒸し返されることもあります。

単純な損得だけではなく、感情のもつれや親族同士をはじめとした人間関係など、なかなか解決できないケースが多いものです。そんなとき、「遺言書さえ残してくれていたら……」と思わずにはいられません。

家庭裁判所で争われている遺産分割事件のうち、おおよそ3分の1が遺産総額1000万円以下という統計があります。相続争いは、遺産の多い少ないではありません。遺産が少なくても、相続でもめることはあるのです。

万が一のことを考えて、家族がもめないように遺言書を書いておきましょう。

「自分が死んだ後のことは、自分で決めておく」これは実は当たり前のことではないかと思います。

引っ越しをするときは綺麗に片付けるように、転職をするときは引継ぎをするように、残された人たちが苦労しないようにする。遺言書もそんなふうに考えていただけたらと思っています。また、特に次のような方には遺言書を書いていただきたいです。

家族が相続でもめるのを避けたい人

自分が亡くなった後、遺産をめぐって家族がもめてしまう……そんな心配がある人は、必ず遺言書を書いておきましょう。遺言書を書いておけば、遺産の分け方について家族が話し合う必要もありません。遺言書のとおりに分ければいいのです。

相続税対策をしたい人

遺産が多い場合は、**相続税対策**をすることがあります。
相続税を不当に免《まぬか》れることはいけませんが、適正・適法な範囲内で相続税を減らすことは差し支えありません。不必要に多くの納税をする必要はありませんので、相続税対策をとっておくことは残された家族にとってとても重要です。

相続税対策の注意点

相続税対策では、「誰に」「何を」「どの割合で」相続させるのかを考える必要があります。

例えば、夫が「遺産のすべては妻に相続させる」という遺言書を書いていた場合、妻には配偶者控除《はいぐうしゃこうじょ》として1億6000万円までは相続税がかかりません。遺産が1億6000万円以下であれば、相続税はゼロになります。

ところが、その後に妻が亡くなり、子どもたちが相続するとなると、配偶者控除がないので相続税が高くなります。夫と妻の両方の相続税を合計すると、遺産の一部を子どもに相続させた場合の相続税よりも多くなってしまいます。

資産がある程度ある方や、相続税がかかると見込まれる方は、遺言書を作成する前に、相続税がいくらになるかを税理士に相談するほうがいいでしょう。

こんな人も実は遺言書が必要です

おふたり様（夫婦のみの方）

お子さんがいないご夫婦は、**必ず遺言書を書いておいてください。**遺言書がないと、大変なことになってしまいます。

法律で定められている相続人は、子どもがいない場合は両親が、両親も亡くなっているときは兄弟姉妹がなります。残された配偶者としては、義理の親や兄弟姉妹と遺産分割について協議をする必要があるのです。

義理の兄弟姉妹と交流があり、関係が良好ならば話し合いもスムーズに進みやすいでしょう。ところが、日頃からあまり交流がないとか、関係が悪くはないけれどもよくもないとか、関係が芳《かんば》しくないときは、遺産分割の話し合いも円滑《えんかつ》には進みません。予想外の要求を受けるかもしれません。

おひとり様（家族がいない方）

配偶者も子どももいない方は相続でもめることがないと思いがちです。

確かに、家族がいなければ、遺産をめぐってもめることはありません。しかし、遺産を受け取る人がいないがゆえに、周りに迷惑をかけるということもあります。近年社会問題になっている「空き家問題」。その原因のひとつは、相続人がいないことです。遺産を引き取ったり、処分したりする相続人がいないため、遺産がそのままになってしまうのです。

おひとり様が亡くなったときに困るのは、近所の方や遺産に関わる方です。そんな周辺の人たちや遠い親戚に迷惑をかけないように、自宅を誰が片付けるのか、預貯金を誰が手続きをするのか、不動産をどうするのか、財産をどのように処分するのか……。こうしたことを、遺言書で決めておきましょう。

遺産、財産とは、要するに自分の生活の後片付けです。財産をどのように処分するかだけでなく、その手続きを実行できるように、遺言執行者《ゆいごんしっこうしゃ》も指定しておきましょう。

第3章のまとめ

- □「うちの家族は相続でもめない」という考えは間違い。争いを防ぐために遺言書は必要
- □ 相続対策をするためには遺言書が必要
- □ おふたり様、おひとり様も遺言書は必要
- □ おひとり様は遺言執行者も指定する

第4章

もしも遺言書がなかったら？実際の相続手続きを学ぼう

遺言書がないとどうなる？

避けられないソウゾク争い

遺言書がなかったら、どうなると思いますか？

遺言書がないと、相続争いが起こります。家族が遺産をめぐってもめます。仲がよかった兄弟姉妹が、相続をきっかけにケンカを始めます。ソウゾクを「争族」って書くんです。

遺言書がない場合に、相続がどうなるのかを説明しましょう。

相続人と相続分

遺言書がなく、誰が何を相続するのか決められていなかった場合、亡くなった方の財産（遺産）は、法律であらかじめ定められている相続人に対して、法律で定められている割合で引き継がれます。

法律で定められている相続人のことを「法定相続人《ほうていそうぞくにん》」といいます。法律で定められている割合のことを「法定相続分《ほうていそうぞくぶん》」といいます。

誰が法定相続人で、その人の法定相続分がどのくらいなのか、結構複雑なので、ひとつずつ順を追って説明しましょう。

いろいろな相続のパターン

配偶者と子どもがいる場合

配偶者と子どもがいる場合、妻・夫と子どもの全員が相続人になります。この場合の相続分は、**配偶者が2分の1、子どもが2分の1**です。

子どもが2人いる場合は、配偶者と子ども2人で3分の1ずつになるのでしょうか？　これは違います。

子どもが2人いる場合は、子どもの相続分2分の1を2人で均等に分けます。ですから、子どもは4分の1ずつになります。子どもが3人いる場合は6分の1ずつ（2分の1÷3）、4人いる場合は8分の1ずつ（2分の1÷4）になります。逆にいえば、子どもが何人いても、配偶者の相続分は2分の1なのです。

配偶者と子どもがいる場合の相続

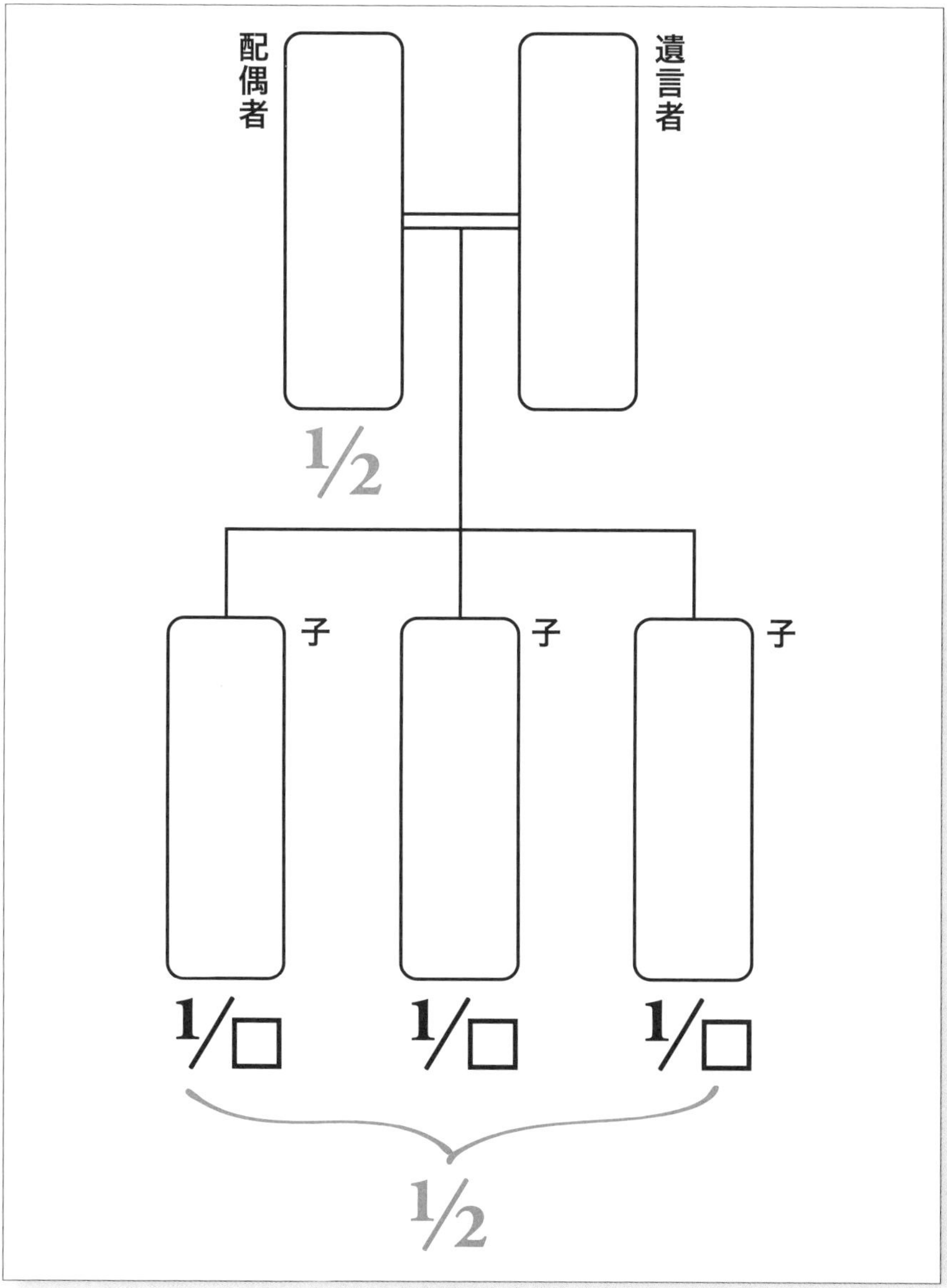

※遺言者と相続人の名前、相続分を書き込みましょう。枠が足りない場合は増やし、あきスペースはメモとしてご活用ください

子どもだけがいる場合の相続

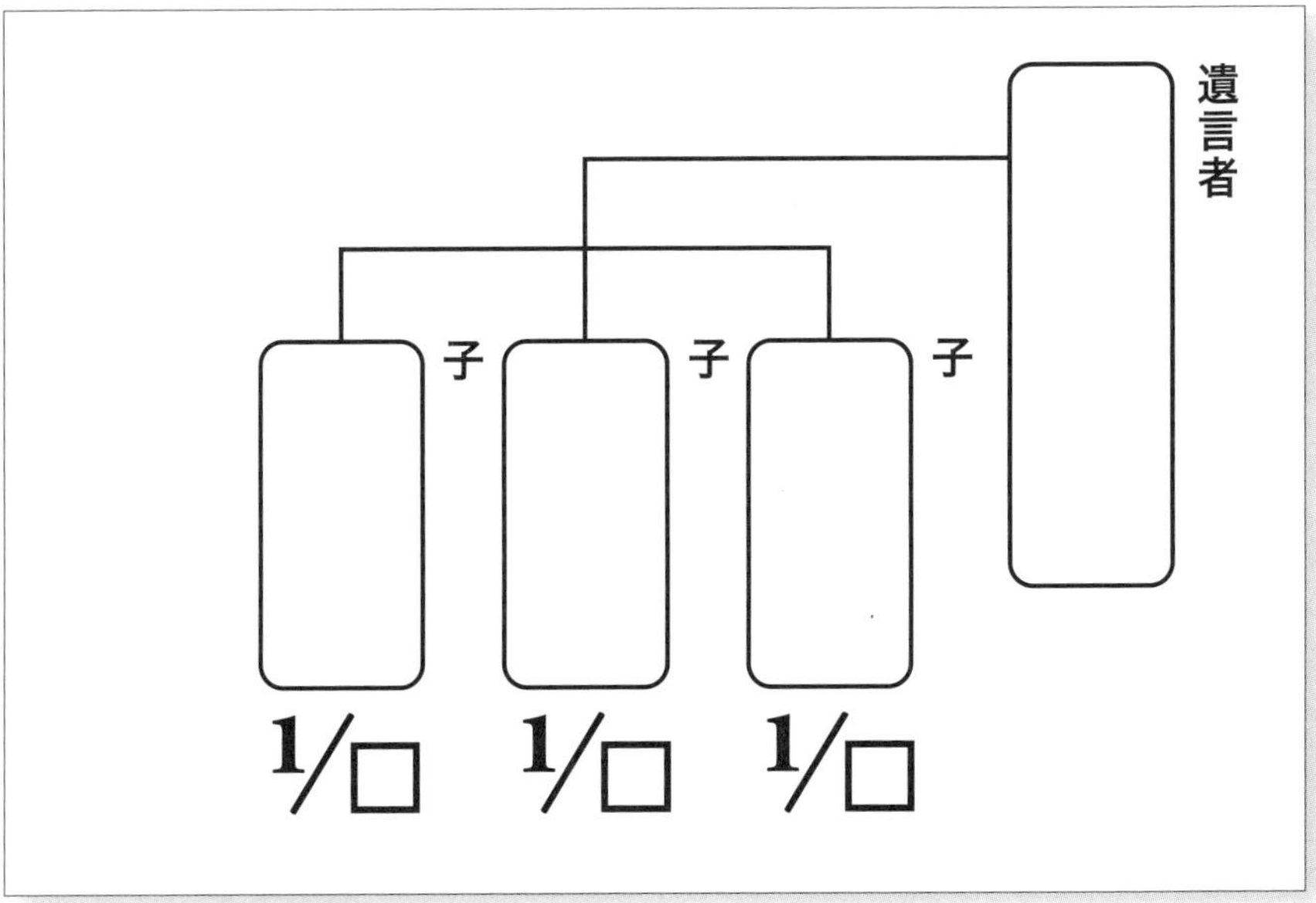

子どもだけがいる場合

配偶者に先立たれていて、子どもがいる場合、その子どもだけが相続人になります。

子どもが1人のときは、その子どもがすべてを相続します。子どもが2人いる以上場合は、均等に分けます。子どもが2人の場合は2分の1ずつ、子どもが3人いる場合は3分の1ずつ、4人いる場合は4分の1ずつになります。

親だけがいる場合の相続

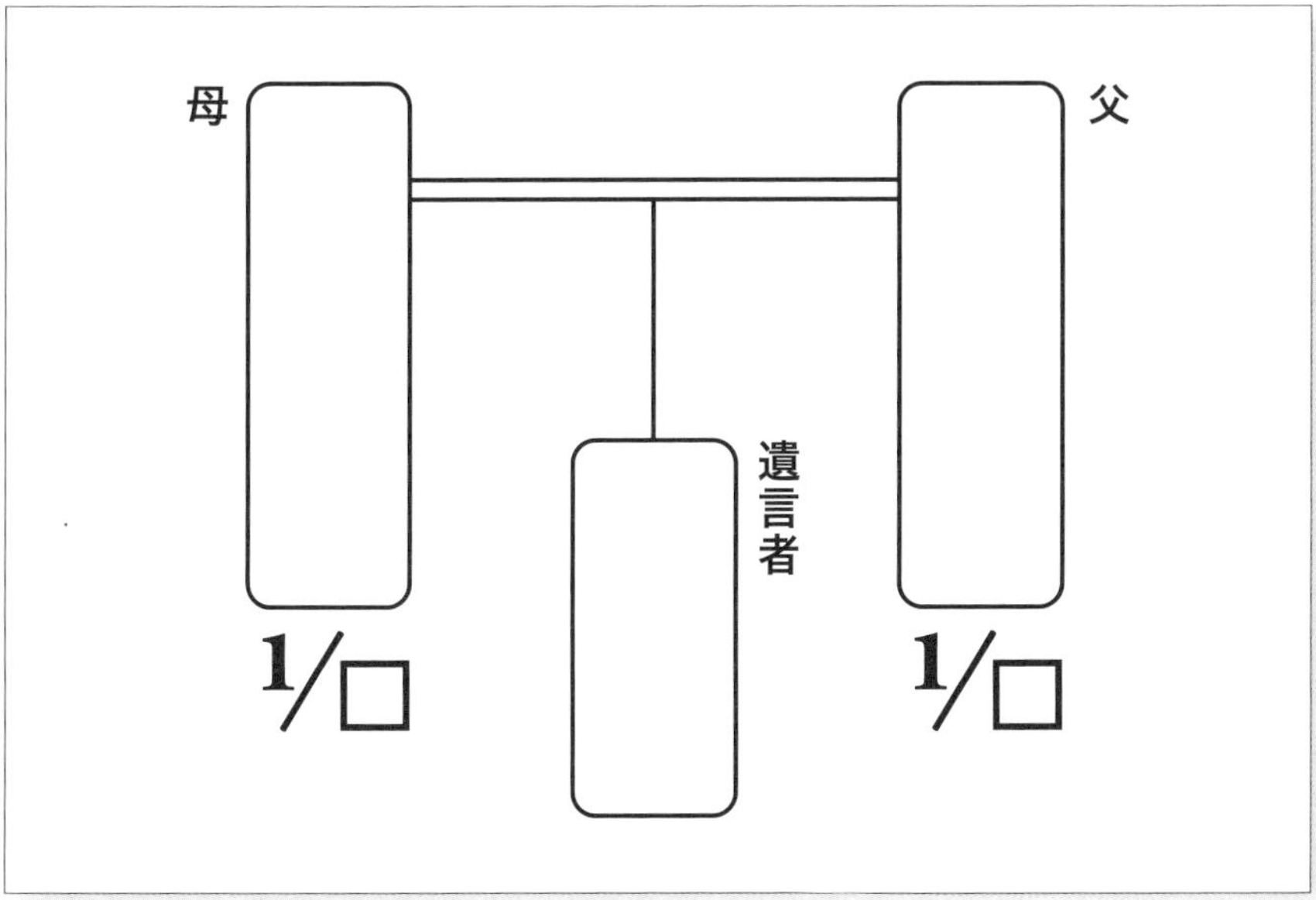

親だけがいる場合

亡くなった人に配偶者がいない場合（もともと結婚していない、結婚したが離婚した、配偶者に先立たれた、という場合）で、子どもも孫もいないときは、その人の**両親だけが相続人**になります。

両親とも健在であれば、父と母が2分の1ずつ相続します。もしどちらかが先に亡くなっている場合、相続人は1人だけになり、すべてを相続します。

子どもがいたが既に亡くなっている場合

相続人になれるのは生きている人だけです。本来なら相続するはずの子どもが親よりも先に亡くなっていたら、相続人にはなれません。

ただし、その子どもに子ども、つまり亡くなった親から見て孫がいたら、その孫が相続人になります。これを代襲相続《だいしゅうそうぞく》といいます。

孫の相続分の割合は、亡くなっている子ども（孫からみれば親）の相続分をそのまま引き継ぎます。孫が2人以上いる場合は、その相続分を均等に分けます。

まれだとは思いますが、孫も亡くなっているけれど、孫の子ども（亡くなった方にとってはひ孫）がいる、という場合でしたら、そのひ孫が相続人になり、孫の相続分をそのまま引き継ぎます。

子どもがいたが既に亡くなっている場合の相続

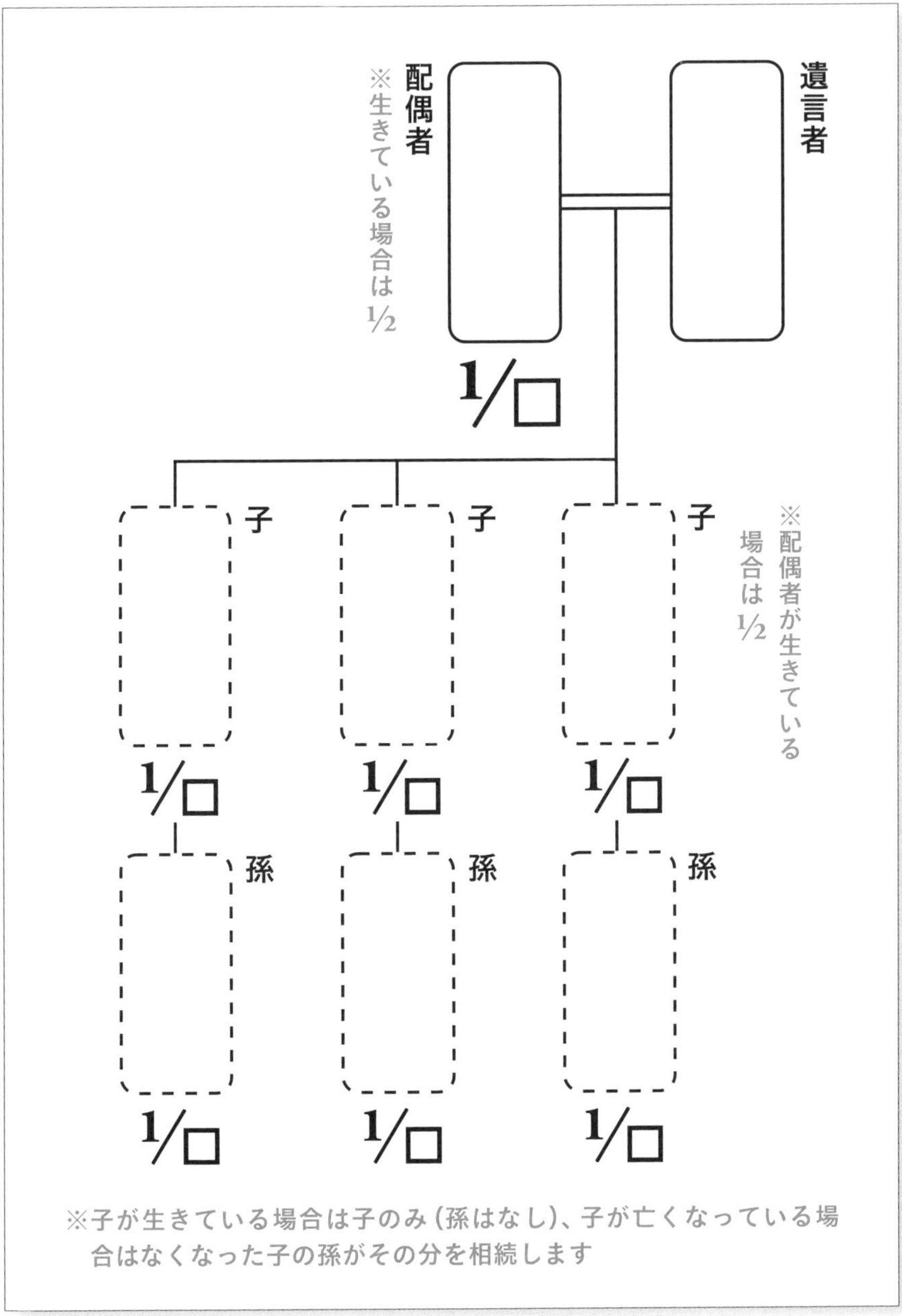

配偶者と親がいる場合

亡くなった方に配偶者がいるが子どもはいない、という場合、亡くなった方の親が生きていれば、その親も相続人になります。

この場合の相続分は、**配偶者が3分の2、親が3分の1**です。子どもがいるときよりも、配偶者の割合が増えていますね。

亡くなった方の両親が共に健在であれば、子どものときと同じように、親の3分の1を2人で分けることになります。

クイズ

親が3人、4人いるというケースがあります。どういうことでしょうか？

※**答え**……亡くなった人が養子だった場合、親は実の両親と養父母の合計4人

配偶者と親がいる場合の相続

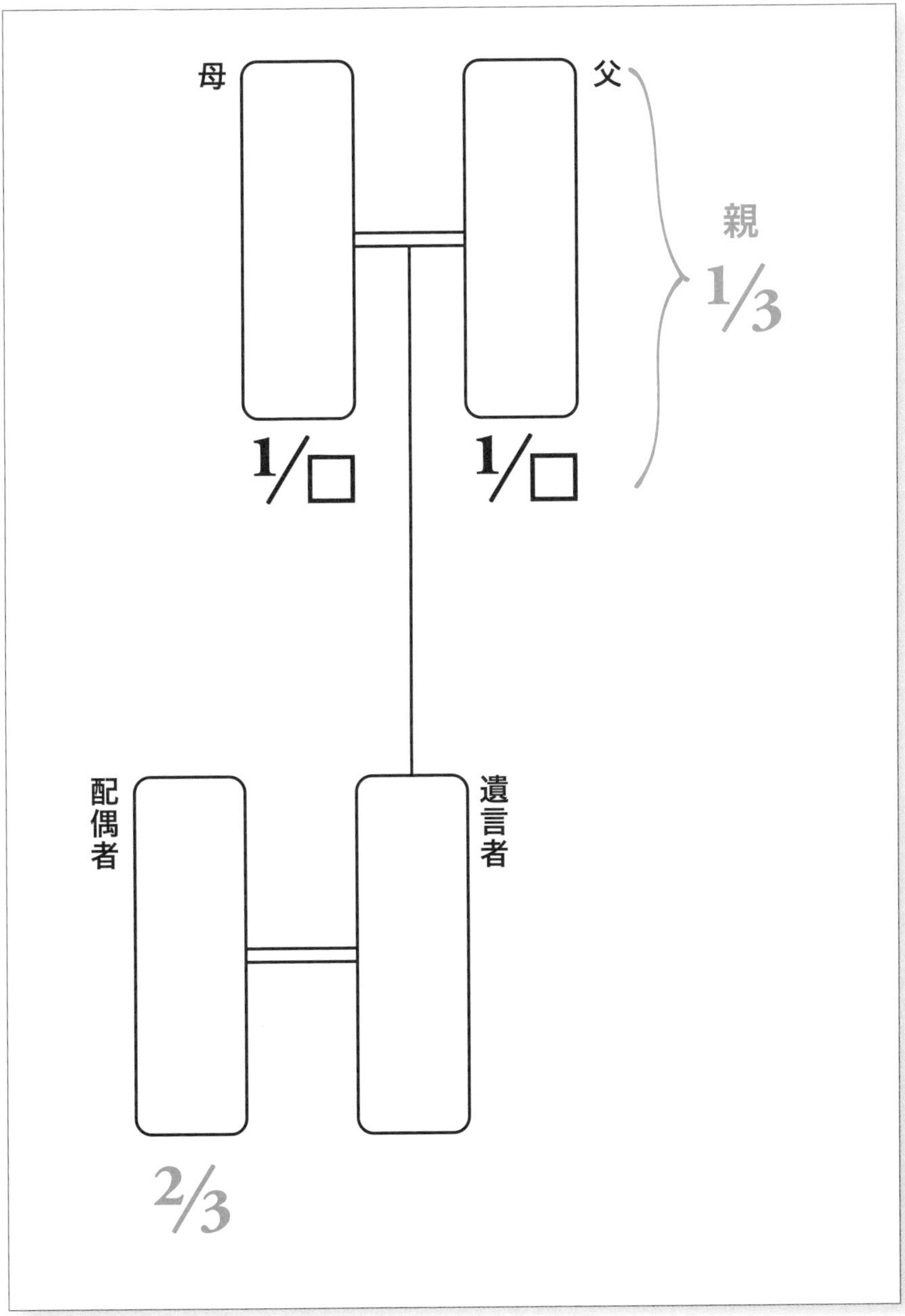

配偶者と兄弟・姉妹がいる場合

では、亡くなった方に配偶者がいるけれども、子どもはおらず、両親も他界している場合、誰が相続人になるのでしょうか？　妻や夫が相続人になるのは、誰でも知っています。しかし、この場合、**亡くなった方の兄弟姉妹も相続人になる**ことは意外に知られていません。

ご夫婦の財産のほとんどは夫の名義になっており、夫が亡くなったとき、妻は当然、夫の遺産はすべて自分のものになると思っていた。しかし、後から夫の兄弟姉妹も相続人になると知って路頭に迷ってしまった……というケースは少なくありません。

このような場合には、必ず遺言書を作成しておいてください。

さて、この場合の相続分は、**配偶者が4分の3、兄弟姉妹が4分の1**です。兄弟姉妹が2人以上いるときは、この4分の1を均等に分けます。例えば、兄と妹がいる場合は、2人ですから、8分の1ずつになります。

配偶者と兄弟・姉妹がいる場合の相続

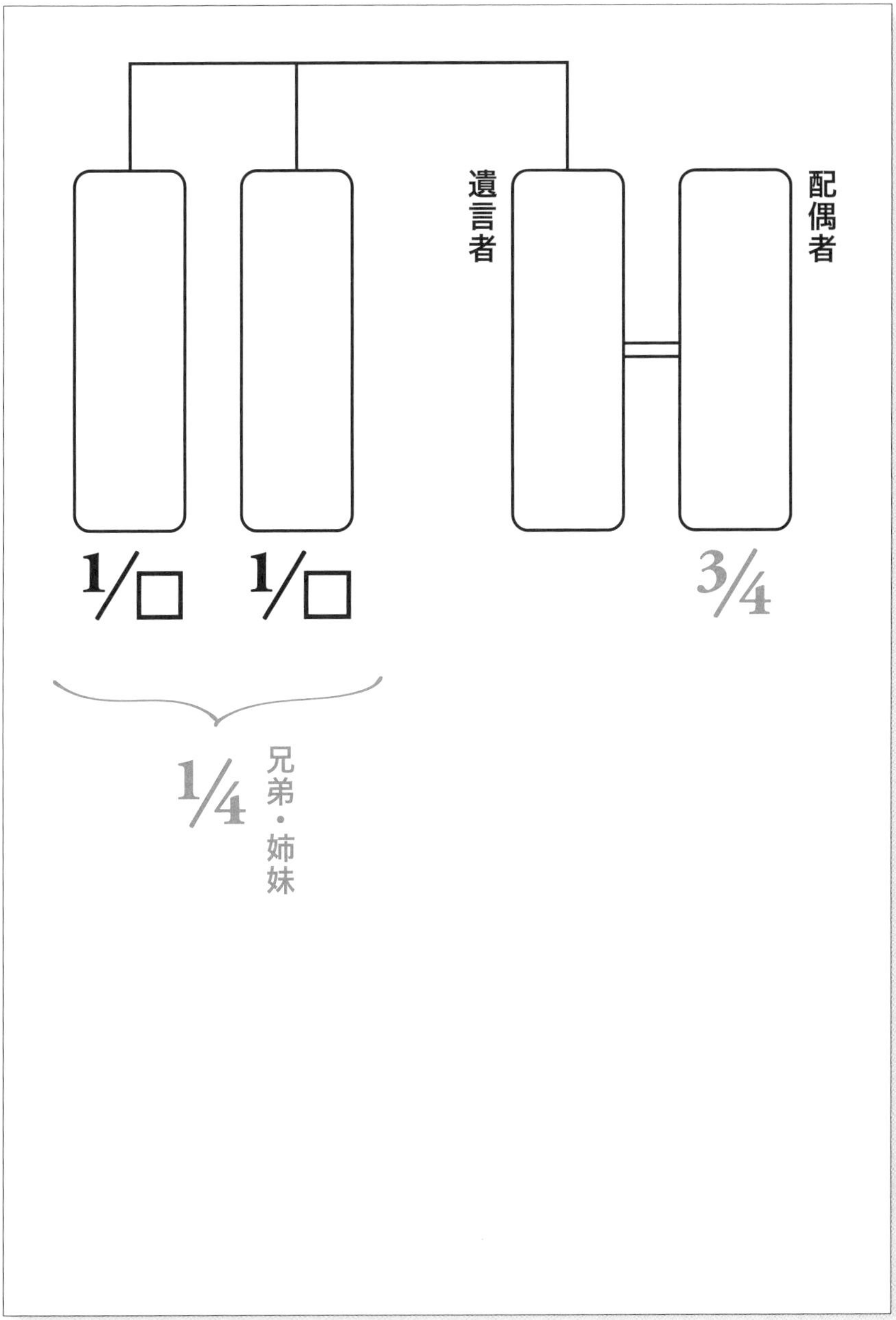

甥・姪がいる場合

ご高齢の方が亡くなられた場合、兄弟姉妹のうち誰かは先に亡くなっている、ということも多くなります。

その場合、亡くなった兄弟姉妹はいなかったものと考えて、残りの兄弟姉妹で4分の1を分けます。

ただし、先に亡くなった兄弟姉妹に子ども（＝甥・姪）がいる場合は、甥・姪がその相続分を引き継ぎます（＝代襲相続）。

例えば、亡くなった人に兄と弟と妹がいた場合、兄と弟と妹は4分の1の3分の1＝12分の1の相続分があります。そのうち兄が既に亡くなっており、その子（甥・姪）が2人いるときは、甥と姪が代襲相続をします。兄が相続すべきであった12分の1を2人で分けるので、24分の1の相続分があります。

甥・姪がいる場合の相続

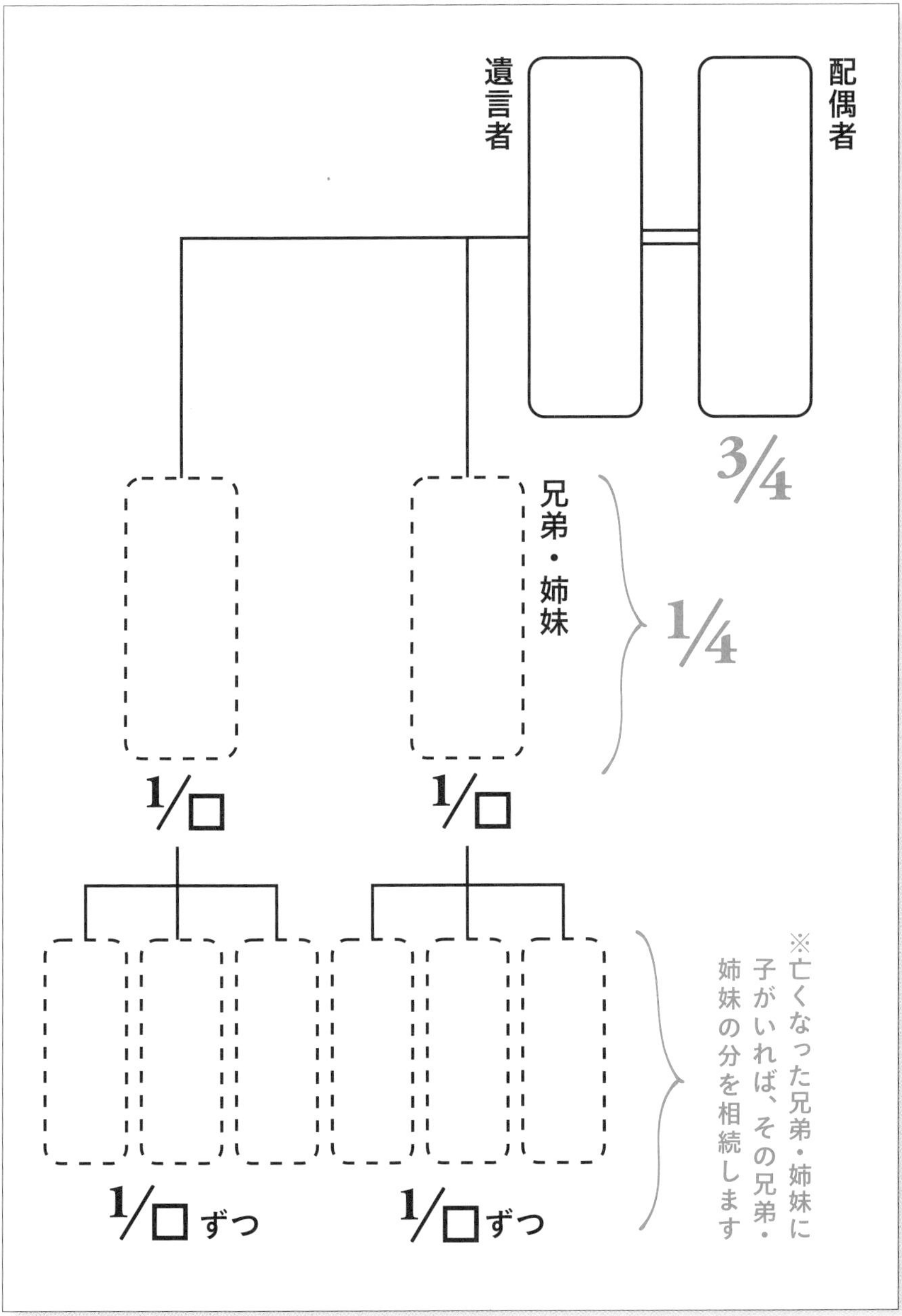
遺言者
配偶者
3/4
兄弟・姉妹
1/4
1/□
1/□
1/□ずつ
1/□ずつ
※亡くなった兄弟・姉妹に子がいれば、その兄弟・姉妹の分を相続します

兄弟姉妹だけがいる場合

亡くなった人に配偶者がおらず、子どもも孫もなく、さらに両親も他界している場合、兄弟姉妹がいればその兄弟姉妹だけが相続人になります。

兄弟姉妹が1人だけでしたら、その人がすべてを相続します。2人以上いるときは、均等に分けます。兄弟姉妹が2人の場合は2分の1ずつ、3人いる場合は3分の1ずつ、4人いる場合は4分の1ずつになります。

兄弟姉妹が先に亡くなっている場合、その子ども、亡くなった方からみれば、甥・姪が相続人になるのは、先のケースと同様です。先に亡くなった兄弟姉妹に子どもがいなければ、その兄弟姉妹はいなかったものと考えて、残りの兄弟姉妹で分けます。

兄弟姉妹だけがいる場合の相続

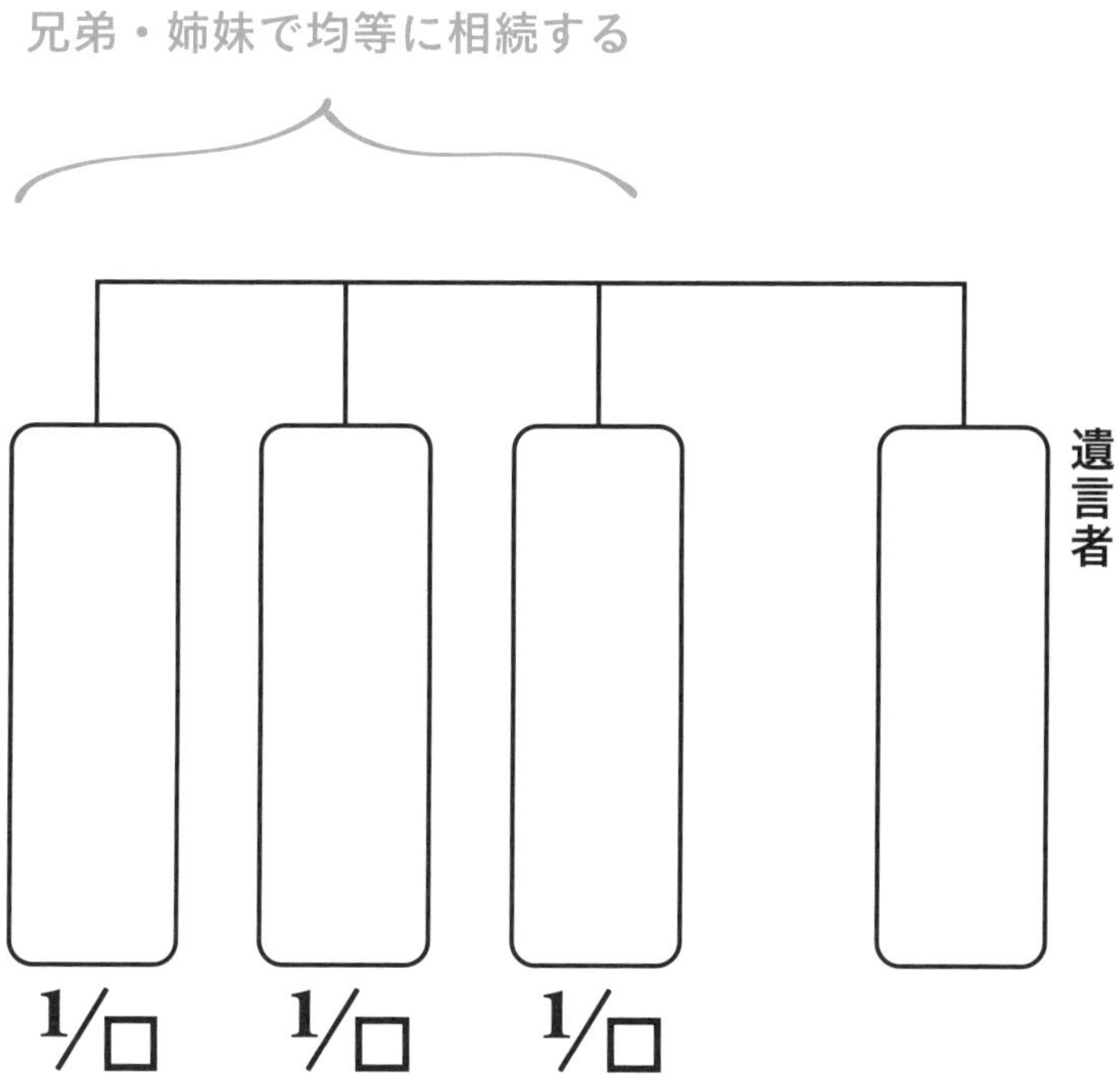

※甥・姪がいても、兄弟・姉妹が生きていれば、兄弟・姉妹のみが相続します

相続人がひとりもいない場合

亡くなった方に配偶者がおらず、子どもも孫もひ孫もおらず、さらに両親も先に亡くなっていて、兄弟姉妹も甥や姪もいない場合、残念ながら相続人はいません。

この場合、亡くなった方の遺産はどうなってしまうのでしょうか？

実は、国（政府）に取られてしまいます。遺産のすべては財務省に引き継がれます。

もっとも、不動産や預貯金などの名義変更の手続きは、政府が自らやるわけではありません。政府はそもそも相続人のいない相続財産の存在を知りません。

このような場合、相続人にならない親族（叔父・叔母や従姉妹）などが家庭裁判所に申請して、相続財産管理人を選んでもらいます。その管理人が名義変更などの手続きや、未払いの料金などの支払いをして、残ったら国に納めます。

相続に必要な手続き
―協議・調停・審判・放棄―

相続人が複数いる場合 ―― 遺産分割協議

相続人が1人であれば、遺産をどのように分けるか話し合う必要はありません。しかし、相続人が2人以上いるときは、遺産をどのように分けるか話し合う必要があります。

相続分はあくまで割合でしかないので、いろいろある遺産から誰が何を相続するかは当人たちで決めないといけないのです。

法定で相続分は決まっていますが、例えば、自宅の土地・建物などの不動産がある場合、その不動産を誰が相続するのかを決めます。預貯金がある場合は、口座ごとに誰が相続するか決めます。あるいは、すべての預貯金を解約して合算して、それを相続分どおりに計算して分ける方法もあります。

このように、誰が何を相続するのか決めることを「遺産分割協議《いさんぶんかつきょうぎ》」といいます。「遺産分割協議」が成立すると、決められたとおりに財産が相続人に移転します。不動産の名義変更をしたり、預貯金の払い戻しを受けたりできます。それで相続手続きが完了します。

この「遺産分割協議」が成立するには、相続人全員の同意が必要です。1人でも反対する相続人がいれば、成立しません。名義変更の手続きができないのです。

しかも、不動産の名義変更や、預貯金の名義変更・払い戻し、株式などの有価証券の手続きなど、多くの相続手続きには、相続人全員の実印と印鑑証明書が必要です。

相続人のうち1人でも「反対してはいないけど印鑑証明書を出さない」という場合や、「行方不明で連絡もとれない」という場合には、相続手続きが進まないのです。

相続人同士の意見がまとまらない場合――調停

相続人同士で何度も話し合ったのに、遺産の分け方が決まらない場合（遺産分割協議が成立しない場合）、家庭裁判所に申し立てをして、調停手続きをすることができます。これを「遺産分割調停《いさんぶんかつちょうてい》」といいます。相続人全員が裁判所に出向いて、裁判所の部屋で、改めて誰が何を相続するのか話し合うのです。

ただし、相続人の間に、調停委員が入ります。法律の専門家とは限りませんが、相続について詳しく、仲裁の能力があるとして裁判所から頼まれた人が2〜3人ほど入り、話し合いを仕切ってくれます。

この調停委員の存在がとても有効なのです。そもそも相続人同士で話し合っても、なかなかまとまりません。調停委員が話し合いを交通整理し、問題点をわかりやすくして、そして相続人に譲歩を促します。そうすることで、話し合いがまとまることが多いのです。

相続人が裁判所に行って話し合うことを「調停期日《ちょうていきじつ》」といいます。

1回の調停期日は2〜3時間で、1か月から2か月に1回行われます。話し合いがまとまるまでには、5回以上かかることが少なくありません。調停手続きが終わるまでに半年から1年間はかかると思ってください。

この調停は相続人全員が参加する必要があります。すべての調停期日に参加しなければいけないわけではありませんが、最後に調停を終了させるには、全員が裁判所に出向く必要があります。遠方に住んでいる人がいると大変です。

調停でも全員の合意がとれない場合——審判

もし調停手続きをしても、誰が何を相続するのか相続人の間で合意できなかった場合は、最終手段として「審判《しんぱん》」という手続きがあります。

これは家庭裁判所の裁判官が、遺産の内容や相続人の事情を考慮して、長男は不動産、二男は預貯金、三男は株式などと、エイヤッと遺産の分け方を決めてくれる手続きです。

相続人間でどうしても決められない場合は、審判で決めてもらうしかありません。

どうにもならない場合——裁判

調停や審判ができるのは、遺産の内容や範囲については合意ができている場合だけです。

例えば、亡くなった父が孫名義の銀行口座に定期的にお金を預け入れて貯まっていた場合、その預金は父のもの、つまり遺産なのか、それとも孫のものなのか、という問題があります。

これについて、相続人全員で異論がなければ、調停や審判ができます。しかし、1人でも異論を唱えていると、調停も審判もできません。

どこで解決するのでしょうか？

答えは、裁判《さいばん》です。地方裁判所に訴訟を提起して、裁判官に判決を出してもらって、父の預金なのか、孫の預金なのか決めてもらわないといけないのです。

最近は親族といえども他人名義の預金口座を作るのは容易ではありませんから、このようなケースは減っているとは思いますが、相続税対策という意味もあって、子どもや孫名義の銀行口座にお金を入れている人もいるでしょう。そうした口座があるときは、やはり遺言書を作って、それが自分の財産なのか、その名義の人に贈与したものなのか明確にしておくと、不要な争いが避けられます。

相続人が行方不明の場合

もしも相続人が行方不明であった場合、相続手続きができません。相続人である以上、その人の実印と印鑑証明書が必要になるからです。

まずはとにかく相続人の行方を探します。弁護士・司法書士であれば、職権で住民票を取り寄せることができるので、その人の住所を調べることは難しくありません。ただし、それはあくまで住民票上の住所です。そこに住んでいない人もいます。そうなると、実際にどこにいるのか調べるのは容易ではありません。ケースによっては調査会社に依頼して、行方を探します。

どうしても相続人が見つからない場合は、家庭裁判所に申請して、その人の代理人を選んでもらう方法があります。**「不在者の財産管理人」**と言います。弁護士が選ばれます。その代理人が行方不明の相続人の代わりに、遺産分割協議に参加して、相続手続きを進めます。

もっとも、遺言書を作成してあれば、もし相続人の中に行方不明の人がいても、相続手続きをスムーズに進めることができるのです。

相続の放棄

ところで、相続するものには、プラスの財産だけではなく、マイナスの財産、つまり負債もあります。借金も相続してしまうのです。

プラスの財産が多ければ、そこから負債を清算して、残りを相続することができます。ですが、負債のほうが多かったら、どうしたらいいでしょうか？

このようなときは、**「相続の放棄」**をすることができます。相続の放棄をすると、その人は相続人ではなかったことになります。それを前提に、改めて52～66ページのルールにしたがって、誰がどの割合の相続分をもつのか決まります。


相続の放棄には、手続きや制限があります。単に「自分はいらない」と言えばよいわけではありません。家庭裁判所に**「相続放棄の申述《しんじゅつ》」**という手続きをしないといけません。難しくはありませんが、所定の書類を書き、戸籍謄本を添えて、印紙を貼って裁判所に提出する必要があります。その後、裁判所の確認があります。手続きが完了するまでおよそ1か月かかります。

注意しなければいけないのは、相続放棄は、亡くなったことを知ってから3か月以内に家庭裁判所に申請しなければいけないことです。この期限を過ぎてしまうと、負債を引き継いで返済しなければいけません。

第4章のまとめ

□ 相続人と相続分は法律で決まっている

□ 相続人が多いと相続分は複雑になる

□ 遺産分割協議がまとまらない場合は、家庭裁判所で調停・審判をする

□ ときには裁判をすることもある

第5章

相続でよく起こるトラブルとは？

なぜ、相続になるともめるのか？

どんなに仲がよくても……

相続人が2人以上いる場合は、遺産の分け方について、誰が何を相続するのかを話し合って決めなければいけません。

しかし、それが簡単ではありません。よくもめます。仲がよかった兄弟姉妹が、この話合いをきっかけに仲が悪くなる。絶縁状態にまでなることがあります。

よくいう「相続争い」は、この遺産分割協議がなかなかまとまらない、もめる、感情的になることを表しています。

なぜ、もめるのでしょうか？

相続の話し合いをこじれさせる人

もめる原因のひとつに、「遺産の分け方の話し合いをこじれさせる人」の存在があります。それは**配偶者**です。

相続人である長男や長女は、兄妹でもめたくないから、適当なところで妥協して早く終わりにしようと思っているのに、長男の妻が、

「あなた、住宅ローンを完済するには、あと500万。500万円は増やしてもらいなさいよ」

「妹さんは、自宅を建てるときに、お父さんから1000万円以上もらったって聞いているわよ。その分も計算に入れてもらってよ」

などと口を挟むことは珍しくありません。

あるいは、長女の夫が仕事を休んで法務局で不動産の資料をとってきたり、銀行に行って手続きの書類をもらってきたり、仕事で慣れているエクセルを駆使して遺産目録（リスト）を作成し、複雑な計算が必要な分割案まで作ったり……。

相続人である長男、長女は、妻や夫の言い分をむげに無視するわけにもいかず、なかな

か合意できないという事態になってしまいます。

介護の苦労は考慮されにくい

3人の兄弟のうち、長男が両親と同居して面倒を見ており、最後の数年間は介護で苦労したというケースがあります。介護は実際に経験した人でないとわかりませんが、その負担は決して小さくありません。肉体的な負担もさることながら、精神的な負担がかなりあります。

長男夫婦・家族が一家総出で父・母を介護することも珍しくありません。そうなると、配偶者である妻や子どもたちの負担も少なからぬものでしょう。

しかし、そうした苦労は、なかなか相続では考慮されないのです。特に遺言書がなかった場合は、法律で定められた内容でまず話が進められてしまいがちです。これが、理屈ではなく感情の部分でうまく話がまとまらない事態を招く原因です。ぜひ遺言書を書くことをお勧めします。

このようなケースに関連して、相続手続きには「寄与分《きよぶん》」という制度があります。これは84ページで詳しく説明していますのでご覧ください。

とにかく相続争いは時間がかかる

こうした遺産の話し合いは、話がまとまり解決するまでに時間（期間）がかかります。全国の家庭裁判所の統計（令和3年度）をみると、遺産の話し合いをする「遺産分割事件」は、1年を超えるものが全体の約38%、おおよそ3分の1です。2年を超えるものが約11%、3年を超えるものも約3・3%はあります。

私が担当している遺産分割の案件で一番長いのは8年間を超えました。夫が亡くなってから、とうとう10年もたってしまいました。※89ページのコラム参照

トラブルになりやすいパターン

不動産がある場合

相続でもめる原因のひとつが**不動産**です。不動産は、分けるのが難しいものです。建物は半分で割って、兄と弟でハンブンコというわけにいきません。

土地は分筆《ぶんぴつ》（登記簿上の土地を複数に分けて登記する手続きのこと）すれば半分に分けることも可能ですが、面積が減って価値も下がります。相続人のうち誰か1人が相続するのがよいのですが、そこで意見が分かれもめます。

例えば、亡くなった父と2人の息子がいたとしましょう。父には土地と建物、いくばくかの預金があり、長男は長年同居していました。長男がそのまま実家（土地と建物）を相続して住み続けたいと思うのは普通ですが、二男も預金ではなく実家がほしいと言い出したら……。

仮に長男が実家を相続することで相続人全員が同意しても、今度は実家の評価額でもめてしまいます。その土地と建物がいくらなのかによって、他の相続人の取り分（金額）が変わるからです。

例えば、土地・建物が2000万円、預貯金が2000万円であれば、長男も二男も同額になるので問題ありません。ところが、もし土地・建物の評価額が3000万円だったとすると、遺産合計は5000万円、本来の相続分はそれぞれ2500万円です。長男は500万円のもらいすぎ、弟は500万円の不足になってしまいます。

ちなみに、このような場合は、長男は自分の預貯金から二男に500万円を支払うことで解決します。このお金を**代償金**《だいしょうきん》といいます。

元配偶者との間に子どもがいる場合

離婚した場合、元配偶者は相続人にはなりませんが、配偶者との間に子どもがいる場合はその子どもが相続人になります。現在の配偶者との子であろうと、元配偶者の子であろうと、相続分は同じです。

例えばある男性がいて、前妻との間に1人、現在の妻との間に2人の子をもうけていたとしたら、3人全員が平等に相続することになります。相続分は、現在の妻が2分の1、子どもたちはそれぞれ6分の1ずつになります。

前妻の子と頻繁なお付き合いがあることはまれでしょう。なかには前妻の子と全く連絡をとっていなかったという方も少なくありません。ですが、現在の妻や子どもたちは、前妻の子どもを交えて、遺産の分け方を話し合わなくてはいけません。話しにくいのは明らかです。

前妻の子どもにとっても複雑な気持ちです。「今まで父親に何もしてもらえなかった」「せめて遺産はもらっておきたい」といった思いを抱く方も多いでしょう。

このようなケースでは、遺言書を書くことで、妻や子どもたち、前妻の子が話し合わなくて済むようにしておくことが大切です。

隠し子がいる場合

前妻の子であればまだよいのですが、結婚していない女性との間に子どもがいる、しかも妻や子どもたちには内緒にしている、というケースでは問題が大きくなります。亡くなった夫の相続人について奥さんから頼まれて調査したところ、知らない女性との間に子どもがいたことが判明した、というケースがたまにあります。

このようなケースでは、遺産分割の話し合いや手続きが難しくなるのは当然です。その子が何を言ってくるかわかりません。

「遺産はいらないけれども、自分には関係がない」と言って、実印と印鑑証明書を出してくれないという場合もあります。

このようなケース、もし思い当たるようでしたら……必ず遺言書を作っておきましょう。

相続人以外の人に相続したい場合——寄与分

寄与分《きよぶん》とは、相続人や親族の中に、亡くなった人の財産を維持したり、増やしたりするのに貢献をした人がいる場合、その貢献をした相続人に対して、他の相続人よりも貢献した分だけ多くの遺産を取得させるという制度です。

例えば、「亡くなった父親の家業を息子が無給で手伝ったので、父親の遺産が増えた」とか、「二女がつきっきりで母親の介護をしたので、介護施設に入れる必要がなかった」という場合です。

貢献の分だけ、その相続人に遺産を取得させるのが公平であるというのが理由です。

原則として、相続人でなければ寄与分は主張できません。しかし、「長男・二男の妻が介護をしてくれた」というケースも少なくありません。そんなときに、介護に貢献した配偶者に全く寄与分が認められないのも不公平です。

そこで、令和元年からの法律改正により、一定の親族については、一定の条件で相続人に金銭請求ができるようになりました。

ただし、寄与分が認められるには「特別の寄与」が必要になります。その判断が難しいこともあり、なかなか認められていないのが現状です。

話し合いによって解決できない場合は、審判で裁判官に決めてもらう必要があります。その場合は証拠資料も必要です。それがなければ裁判官に寄与分を認めてもらえません。

寄与分について家族がもめないようにするためにも、介護や家業といった理由で子どもの配偶者に面倒を見てもらった場合は、貢献してくれた配偶者に対し、相応の金額を遺贈する遺言書を作っておくことをお勧めします。

第５章のまとめ

- □ 相続争いの解決には相当な時間がかかる
- □ 寄与分は難しいので、相続人や配偶者には寄与分に相当する加算や遺贈をする
- □ 自分の家族がトラブルになりそうなパターンを考えておく

隠し子がいることを隠しとおす？ コラム

知り合いの男性鈴木さん（仮名）からご相談がありました。

「実は妻や息子に内緒の子どもがいるんです。恥ずかしながら、妻と結婚する前に、当時交際していた女性との間に生まれた子で、女の子です。結局その方とは結婚せず、それ以来その女性や娘とは全く連絡をとっていません。その女性のご両親は資産家なので、不自由はしていないと思います。私の遺産は妻と息子に相続させたい。それよりも、このことは私が死んだ後も妻や息子には知られたくないのです。何とかなりませんか」

鈴木さんが亡くなった場合、妻と息子（弟）だけではなく、娘（姉）も相続人になります。相続分は妻が2分の1、姉と弟が2分の1ずつです。

相続が始まった段階で戸籍を遡っていけば、隠し子がいることはわかってしまいます。もし遺言書を書いておかないと、相続手続きをとるために戸籍を調べるので、隠し子が見つかってしまいます。まずは、遺言書を書いておく必要があります。

遺言書といっても、この場合は自筆証書遺言ではダメです。なぜなら、鈴木さんが亡くなった後、その遺言書について「検認」の手続きをしなければならないからです。ここでやはり戸籍をさかのぼり、相続人全員に対して家庭裁判所から通知が送られます。娘にも通知が行ってしまいます。娘から妻や息子に連絡が入ることも予想されます。

このような場合は、公正証書遺言を作っておき、その遺言書に、遺産は妻と息子に相続させる旨を書いておきます。そうすれば、戸籍をさかのぼって取り寄せる必要はありませんし、検認の手続きも不要です。とりあえず娘に何も連絡をせずに済みます。

何らかの理由でわかってしまう可能性も無いわけではありませんが、とりあえず娘のことは知られずに済みます。

長い長い相続争いの例

コラム

私が実際に扱った相続案件で最も長いケースでは、遺言者が亡くなってから解決するまで約10年間もかかりました。

平成16年にご主人が亡くなられました。遺産は、自宅以外に、賃貸マンション1棟、賃貸アパート3棟、それに貸し駐車場や農地、預貯金など、おおよそ4億円もありました。

ほとんど直接の話し合いがないまま、すぐに調停になりました。しかし、調停も3か月で終わりになり、訴訟が始まりました。子どもや孫名義の預貯金がたくさんあったり、使途不明金があったりしたからです。

裁判所は水戸地方裁判所でした。この訴訟はずいぶんと時間がかかり、私も40回以上も水戸に出張しました。訴訟の途中で和解の話し合いもしました。

裁判所で和解がまとまれば、その時点で解決します。しかし、和解はまとまりませんでした。訴訟手続きは粛々《しゅくしゅく》と進められ、5年目にして、とうとう判決がでました。しかし、裁判はそれだけでは終わりません。控訴《こうそ》という不服《ふふく》申し立ての手続きがあります。判決に不服がある人がいれば、控訴をしてもう一度調べて判断してもらうことができます。

今度は高等裁判所です。東京高等裁判所で訴訟が始まりました。通常であれば半年前後で終わるのですが、やはりここでも和解の話し合いが行われ、約1年間はかかりました。ようやく高等裁判所の判決が出て、遺産をめぐる問題はこれで決着が着きました。

しかし、裁判が終わっても、相続が解決したわけではありません。遺産について、誰が何を相続するのかを話し合って決めないといけません。2度目の調停が始まります。やはり分け方についての話し合いは難航し、とうとう審判が下されることになりました。2度目の調停と審判も、おおよそ2年かかりました。

たくさんの時間と費用をかけて争わなければならない。やはり悲しい、虚しい現実です。

「(主人が)遺言書を書いておいてくれていたら……」と嘆く奥様がかわいそうでした。

第6章

遺言書に書く内容を考えてみよう

遺言書に書くべき内容とは

遺言書に書くことは決められている

さて、ここまでで遺言書とはどういうものか、遺言書がなかったらどうなるのかを学んできました。実際に自分が遺言書を書くとしたら、どんなことを書いたらいいのかを学んでおきましょう。

遺言書とは、ここまで学んだとおり、一定の方式にしたがって自分が亡くなった後の法律に関することを決めておくものです。エンディングノートとは、法律では認められている点で異なります。

遺言書に書くことで最も大切なのは、自分の遺産に関すること、相続に関することです。遺産相続に関することを遺言書で決めておけば、相続争いを防ぐことができます。

ただし、そんなことも書くのか、書いてもいいのかと後から気づくことがあると、また書き直すのは面倒です。もし知らないままあの世に逝ってしまったら、書き直すことはできません。後悔することすらできないのです。遺言書に書くことのすべてを知ってから、自分に必要なもの、書きたいものを選びましょう。

遺言書に書くことは、法律で決まっています。いろいろありますが、難しいもの、知らなくてもよさそうなものもありますので、主なものだけ説明していきましょう。

遺言書に書くこと

相続分・遺産分割方法の指定
贈与・寄与の指定
墓守の指定
後見人の指定
遺言執行者の指定
その他……子どもの認知、財団設立など

これらについて、ひとつずつ説明していきます。

相続分・遺産分割方法の指定

相続人が複数人いる場合は、誰にどれだけ相続させるか、何を相続させるかを考えましょう。例えば、夫が、自宅の土地建物は妻に全部相続させる、預貯金は長男と長女に半分ずつ相続させる、といったように指定することができます。

これまで述べたように、もし遺言書がないと、この遺産の分け方を妻と長男・長女が話し合って決めなければいけません。仲よく話し合えればよいのですが、ケースによっては泥沼の争いになりかねません。

遺言書で決めておけば、話し合う必要がないので、争いにはなりません。書くことの中ではこれが最も重要です。

法定相続分と違う割合で相続させるときは、遺留分に注意が必要です。誰かの遺留分を侵害していると、相続時に遺留分でもめる可能性があります。

相続分が少ないことを生前に説明して納得しておいてもらうか、あるいは、遺留分を侵害しない程度の遺産を割り当てておくことをお勧めします。

贈与・寄付の指定

相続人ではない人、親族ではない人に、自分の遺産を分けることもできます。遺言書によって贈与をすることになるので、法律業界では**「遺贈《いぞう》」**といいます。

例えば、日頃からお世話になった長男の嫁に遺産の一部を与えるとか、面倒を見てくれた「いとこ」に分けるとか、どちらも相続権はありませんので、このような人に遺産を分けたいときは、「遺贈」をします。

内縁の夫・妻は、法律上は相続人にはなりませんので、その人に財産を残したいときも「遺贈」をします。

また、公的なところに寄付することもできます。一番多いのは日本赤十字社でしょうか。盲導犬の団体とか、交通事故孤児援助団体に寄付される方もいます。

自分が亡くなったときに遺《のこ》った遺産をこのような団体に寄付することも、法律では「遺贈」になります。

墓守りの指定

先祖代々受け継がれているお墓や、仏壇、位牌は、どうなるのでしょうか？

法律では、こうしたお墓や仏壇などのことを「祭祀財産《さいしざいさん》」といいます。これらは通常の遺産とは別にして、誰が引き継ぐか、地元の慣習に従って決めるか、話し合って決めるように定められています。

ですが、これらも親族間でもめる原因になっています。最近では、面倒くさいという理由で、引き受けたがらない、押し付け合うというケースが多いです。この問題も、遺言書に誰がお墓などを引き継ぐのかを書いておくとよいでしょう。

もっとも、指定された人が納得していなければ、やはり面倒くさがって放置されてしまいかねません。遺言書で指定するだけでなく、事前にその人に説明をして納得してもらう必要があります。

後見人の指定

両親の一方が亡くなったり離婚したりして、親権者がひとりの未成年者について、不幸にもその親権者である親が亡くなった場合、親権者がいなくなりますので、後見人（成年後見人と区別して、未成年後見人といいます）が就きます。離婚したもうひとりの親が親権者になるわけではありません。

この後見人は、家庭裁判所の裁判官が選ぶのですが、適切な人が選ばれるかはわかりません。そこで、この親権者である親は、自分が亡くなったときに、後見人になる人を遺言書で決めておくことができます。あらかじめ信頼できる人を選んで頼んでおくことができます。

未成年の子がいるので、その親も年齢は高くないと思いますが、がんなどの病気で亡くなる心配がある場合には、遺言書でこの後見人を指定しておくことがあります。

遺言執行者の指定

「**遺言執行者**《ゆいごんしっこうしゃ》」とは、遺言者に代わって遺言の内容を実現させる人です。法律により、遺言書を実現する権限と責任が認められています。

遺言執行者がいると、複雑な遺言執行の手続きを代わりに実行してくれます。遺言執行者を指定していなくても、必要なければそのまま進められるのですが、もし遺言執行者が必要になった場合に、あらかじめ指定されていなければ、最寄りの家庭裁判所に申請をして遺言執行者を選任してもらう必要があります。その場合は弁護士などの専門家が遺言執行者に指定されます。

遺言執行者については第10章でも詳しく説明しています。

その他……子どもの認知、財団設立など

あまりないかとは思いますが、婚姻関係を結んでいない相手との子ども（婚外子《こんがいし》）がい

る場合、そのままではその子は相続人として認められません。

認知していない子にも遺産を与えたい場合は、認知をする必要があります。生前に認知することも可能ですが、何らかの事情で難しい場合は、遺言書で認知することもできます。ただし、その場合は認知にあたって役所への届け出などが必要なので、遺言執行者を指定しておきましょう。なお、認知される子が成人している場合は本人の承諾が必要です。また、妊娠中の子の認知をすることもできますが、それにはその子の母親の承諾が必要です。

婚外子であっても、認知された場合は、婚内子《こんないし》と同等に相続する権利が認められます。

また、自分の遺産を誰かに分けるだけではなく、財団の設立に使用することもできます。ただし、財団設立には、複雑な設立手続きを踏まないといけないので、遺言執行者が必要になります。また、それなりにまとまった金額がなければ、財団の運営自体が成り立ちません。

遺言書に書かなくてもいいこと

遺言書に想いは残せる？

遺言書に書くべきことは、このように法律で決められたことだとわかりました。では、それ以外のことを書いたら、どうなるのでしょうか？

法律では認められないことを書いても、その部分に効力がないだけで、その遺言全体が無効になるわけではありません。遺言書のうち、法律では認められないことを書いたとき、それを「付言《ふげん》」といいます。

「付言」＝「遺言書に書いても効力がないこと」

「付言」は、法律では認められないからといって、あなどってはいけません。付言にはとっても大切な効果があります。

例えば、長男と二男がいる方が、長男にだけ多くの遺産を相続させる遺言書を書くときに、なぜそのような分け方をしたのか、その理由を「付言」として書いておけば、二男が不満をもって長男ともめるのを防ぐことができます。

あるいは、奥さんに対して「長い間、ありがとうございます。とても幸せな人生でした。私がいなくなっても、寂しがらずに元気に長生きしてください」などと感謝の気持ちを書いておけば、奥さんはとても喜ぶでしょう。

付言とは、法的なことに関する意志を残す遺言書に、「自分の想い」をのせられる効果があるのです。遺言書を書くときは、ぜひ「付言」も書きましょう。

第6章のまとめ

- □ 遺言書に書く内容は、遺産に関すること（相続分・分割方法、遺贈）
- □ 公益的組織に寄付することもできる
- □ 遺言執行者の指定もできる
- □ 「付言」で家族などへの想いを書き残そう

第7章

実際に書く前に――遺言書をめぐるトラブルを知っておこう

いざ、書く前に……
遺言書にありがちなトラブルとは？

よくあるのは、「遺言書自体の問題」「遺言を書いた人の問題」

さて、トラブルを避けるために残したい「遺言書」ですが、遺言書を書いても起こるトラブルというのもあります。

「えっ、じゃあ遺言書を書く意味がないのでは……」なんて思わないでくださいね。それを防ぐために、実際に書く前に遺言書にまつわるありがちなトラブルについて知っておきましょう。

よくあるのは、遺言書自体に関するトラブルと、遺言書を書いた人にまつわるトラブルです。人のトラブルというと嫌な感じですが、大事なことなのできちんと見ておきましょう。

遺言書自体の問題

筆跡のトラブル

遺言書の裁判で最も多いのが「筆跡」に関する争いです。「遺言書の筆跡は本人のものではない」という争いは実に多くあります。

話し合いで解決しない場合には、訴訟で決着をつける必要があります。裁判官が筆跡について判断するわけですが、裁判官も筆跡について完全に判断できるわけではありません。そのため、訴訟で決着をつけるときは筆跡鑑定を行う必要があります。

筆跡鑑定には、50万円前後の費用がかかります。訴訟自体にはもっと多くの費用がかかります。せっかく紛争を避けるために遺言書を書いたのに、その遺言書をめぐって紛争が生じて、多額の費用がかかるという結果になってしまいます。

筆跡でもめないようにするためには、「筆跡を比較できる手紙を書いておく」とか、「遺言書を書いているところをビデオに撮っておく」というのが有効な対策です。

文章のトラブル

遺言書の文章というと、何やらかしこまった難しい表現……というイメージがあるかもしれませんが、実は普段どおりに書いていただいて構いません。法律のような堅苦しい表現が必要というわけではないのです。

ただし、文章の意味が曖昧になってしまうと、本来意図した効果が得られない可能性があります。特に遺言書でよく使われる文言（語句や表現など）は、書きたいことが決まったらそのまま書く前に調べたほうがよいでしょう。

例えば、遺産を引き継ぐときは、一般的には「相続させる」という言葉を使い、相続人にその後の対処をしてもらうことになります。ところが、「与える」と書いてしまうと「遺贈」となり、相続ではなく贈与になってしまうのです。

普段の話し言葉と同じ感覚ではなく、曖昧な表現を避けてはっきりと書かないとトラブルのもとです。不安な方は、文例などを参考にして書いたほうが無難でしょう。第8章ではさまざまな文例を紹介していますので、そちらも参考にしてみてください。

日付がない

実は、**日付が書いてない遺言書**も少なくありません。日付は必須です。年と月だけ書いて日だけ空欄のままという状態のものもあります。後から書き加えようとしたのでしょうか。どんなにしっかりと書いた遺言書でも、空欄のままでは無効になってしまいます。とても残念な結果です。

日付は早めに、絶対に書いておいてください。

署名の問題

署名がない、名前がスタンプになっている、パソコンで書いてある……いずれも無効になってしまいます。

印影の問題

そもそも印影がない。これは絶対にNGです。捺印がないと無効になってしまいます。実印である必要はありません。認印でも可能です。ですが、他人の印鑑はだめです。

過去の裁判例では、「拇印」の遺言書が有効かどうか争われました。裁判官は有効と判断しました。

遺言書を書いた人の問題

遺言者が認知症である

遺言書をめぐるトラブルのうち、「遺言書を書いた人にまつわる問題」として想定されるケースに、「認知症の人が遺言書を書けるのか？」というものがあります。認知症で亡くなった父の遺言書が発見されたけど、これは本当に有効なものなのか？　だとか、認知症の母から遺言書を書きたいと言われたが、書けるのだろうか？　というような話ですね。

結論からいえば、認知症であっても遺言書を作れないというわけではありません。作成した遺言書が無効になるのは、そのときに遺言書の内容を理解することができなかった場合です。これには明確な基準はなく、ケース・バイ・ケースでさまざまな事情を考慮して判断されます。

重い認知症でもはや遺言書の内容を理解することができない方は、残念ながら遺言書を作ることはできません。

ですが、認知症は時間によっても症状が異なります。時間によっては認知能力がある、理解力がある、という方は、遺言書を作ることができます。

遺言者に後見人が就いている

成年後見人とは、何らかの理由で判断力が不十分であるとされる人を支援する役割を持つ人のことです。認知症や知的障害、精神障害といった理由で、こうした後見人が就いている方がいます。

民法では、成年後見人が就いている方でも遺言書が作成できること、そのときの条件が定められています。

その条件とは、簡単に説明すると、医師が2名立ち会って、遺言書を作る人がそのとき遺言書について理解する能力があるかどうかを診断し、かつ、2名の医師が遺言書に署名捺印をすることとなります。

この条件が整えば、成年後見人が就いている方でも遺言書を作ることができるのです。

認知症の疑いがある人が遺言書を書くときの注意点

成年後見人が就いていない場合でも、認知症の疑いがある人であれば、医師1名〜2名が立ち会って、遺言書を作成するときの本人の認知能力、意思能力があったという旨の意見書を書いてもらうことが考えられます。そうすれば、後で遺言書の有効性が争われても、無効になってしまう可能性は低くなります。

とはいえ、医師に立ち会ってもらうのは、なかなか難しいと思います。そこで、遺言書を書いているときの様子を動画で残しておくことをお勧めしています。

動画で遺言をすることはできませんが、遺言書を書いているところを撮影しておくと、遺言書の有効性を証明する強力な証拠になります。

遺言書が無効だと思った場合は、どのように争うのか？

遺言書が有効ではないと考えたときは

遺言書の形式以外のところで、有効性が問われるケースもあります。

例えば、母が重い認知症だったのに、同居している息子が母に無理やり遺言書を書かせた……というケースがあったとしましょう。その場合、書かされた遺言書を無効だと言うためには、母に判断能力・理解力がなかったことを証明する必要があります。

認知症のために、病院に通院・入院していたとしたら、その病院のカルテや看護記録を取り寄せます。介護認定を受けている方であれば、介護審査をした市町村区に対して、認定手続きで作成された資料の開示を求めます。

それらの資料にはご本人の判断能力に関する資料や情報がたくさん含まれていますので、

本当に判断能力がなかったのであれば、強力な証拠になります。

［判例］公正証書遺言だって無効になることもある

公証人が作成する公正証書遺言であっても、もしそのときに本人に判断能力・理解力が足りないと判断されたときは、その遺言書は無効になってしまいます。

ですから、最近は公証人がとても慎重になっており、公正証書遺言を作成するとき、公証人はご本人の認知能力・理解力について丁寧に確認しています。

もし認知症がある程度進んでいる方が遺言書を書くときは、医師を同席させるなどをして、公証人が安心できるような態勢を整えることも必要です。

第７章のまとめ

□ 遺言書は筆跡で争いになることが多い

□ 日付・署名・捺印がないと無効になってしまう

□ 認知症の場合は、意思能力について争いにならないように対策をとる

第8章

自筆証書遺言を書いてみよう！

遺言書を書く前に準備するもの

遺言書を作るのに必要なものは？

遺言書を作るのに必要なのは、次の3点です。

1. 筆記用具
2. 紙
3. 印鑑（＋朱肉）

「えっ、これだけ？」と思うかもしれませんね。でも、本当にこれがあればいいんです。

これ以外は必要ありません。

筆記用具はどんなものがいいか？

遺言書を書くときの筆記用具は、とくに決まりはありません。ボールペン、サインペン、万年筆、筆・筆ペンなどなんでもOKです。

ところで、鉛筆はダメなのでしょうか？

法律ではとくに筆記用具の制限はありませんから、鉛筆だからといって無効にはなりません。実際の裁判例でも、鉛筆で書かれた遺言書が有効だと判断されています。

しかし、鉛筆でも有効とはいえ、そもそも消えてしまったり、書き変えられたりする危険がありますので、やっぱり鉛筆で書くのはやめましょう！

私は、やはり万年筆か筆ペンをお勧めします。これらはインクが長くもつので、安心です。10年後、20年後に使うことになるかもしれないので、耐久年数の短いインク、筆記用具は避けたいですね。

遺言を書く紙を用意する

遺言書は、動画や録音音声では法律上の効力は認められませんが、紙であれば、どんなものでもかまいません。例えば、チラシの裏とか、レシートの裏なども、一応ＯＫです。でも、お勧めしません。紛争のもとです。せっかく書くのですから、きれいな便箋を用意しましょう。

ただし、法務局の保管制度を活用する場合は、Ａ４の用紙を使用し、余白の大きさやページ番号などの指定を守る必要があります。

参考　自筆証書遺言書保管制度（法務省） https://www.moj.go.jp/MINJI/minji03_00051.html

印章を用意する

遺言書に捺印する印章を用意します。実印でなければダメと思っている人も少なくありませんが、そのようなルールはありません。認印でも構いません。

ですが、他人の印章ではダメです。争いにならないように、なるべく実印を使うことをお勧めします。

遺言書を入れる封筒を用意する

遺言書は封筒に入っているイメージがありますが、実は封筒に入れる必要はありません。ただし、改ざんを防止したり、文字が消えないようにするため、封筒に入れておくことが多いです。

ただし、封筒に入れ封緘《ふうかん》をしてあると、検認をするまで開封してはいけないことになっています。検認まで遺言書の内容を確認することができません。封緘はしないほうがよいと思います。

法務局の保管制度を利用する場合は、封筒は要りません。封筒に入れても、保管申請時に封筒から取り出す必要がありますので、意味がありません。

自筆証書遺言を書くときの流れ

遺言書の本文を自分で書く

これまで説明したとおり、自筆証書遺言はすべて自分で、自筆で書かないといけません。本文をパソコンで打って署名だけ自署といきたいところですが、それもだめです。法律上は認められません。代筆も認められていません。

そのため、字を書くことができない人は、公正証書遺言で作成する必要があります。公正証書遺言であれば、書面自体は公証人が作成し、署名の代筆もしてくれます。

ただし、相続の内容を書いた後、財産を複数の人に分けて取得させる場合に書く「**財産**《ざいさん》**目録**《もくろく》」だけは、自筆でなくても大丈夫です。

財産目録については139ページを参照してください。

日付を書く

日付を書くことが必須です。なぜなら、遺言書が2通以上あるときは、日付が新しいほうが優先することになるからです。そのため、日付は何年何月何日に書かれたものなのかがわからないといけません。

例えば、「令和5年3月吉日」という記載はだめです。「令和5年3月　日」となっている遺言も認められません。

署名する

必ず名前を自署してください。この名前は本名である必要はありません。誰が書いたかがわかればよいので、芸名やペンネームでも大丈夫です。しかし、他の人が知らない名前だと、紛争になる危険があります。やはり、本名で書いたほうが無難です。

印鑑を押す

必ず印鑑を捺印してください。これも必須です。署名だけで、捺印していないと、それだけで無効です。とっても残念なことになってしまいます。

封筒に入れる?

前述したように、封筒に入れなくても遺言書は有効です。ただ、身の回りで保管する場合や、誰かに預ける場合には、封筒に入れておいたほうがよいかもしれません。

どこに保管する?

さて、これで自筆証書遺言が完成しました。保管については、第9章で説明します。

具体的に、書く内容を確認しよう

遺言書は中身が大切

遺言書の作成の流れは確認できました。問題は中身です。自筆証書遺言なのか、公正証書遺言なのかは、あくまでも遺言書の「形式」の問題に過ぎません。

遺言書で最も重要なのは「中身」です。どんな内容にするのか、じっくり考える必要があります。

誰に何を相続させるかは、あなたの家族に対する想いを表現することになります。遺言書は、残された家族に対する愛のメッセージなのです。

では、ここからは中身について考えていきましょう。

財産をあげる人を確認する

まずは自分の相続人となる人を確認しましょう。それから、相続人以外で遺産を残したい人もリストアップします。このとき、**名前の漢字までしっかりと確認しておきます。**

自分の配偶者や子どもの名前を間違えることはないと思いますが、親戚や友人・知人に遺産を譲るときは、相手の名前を確認しましょう。相手の生年月日や本籍地を記載すると、より正確ですので、これらも確認します。

会社や団体であれば、正式名称や代表者の名前、ときには本店所在地も確認して遺言書に書きます。

名前や名称が間違っているからもらえなかったというトラブルを避けることが大切です。

相続人と相続させたい財産のリスト

相続人	名前	相続させたいもの
記入例：配偶者	秀和妻子	自宅土地・家、 預金500万円
配偶者		
子		
孫 （代襲相続人）		
親		
兄弟姉妹		
甥・姪 （代襲相続人）		
その他 （贈与・寄与など）		

自分の資産を調べる

相続手続きで大変なのは、資産を調べることです。どんな資産があるのか、不動産や預貯金、証券など、わからない場合は郵便物などから情報を集めて、銀行などに問い合わせる必要があります。

そのような手間が避けられるように、遺言書かエンディングノートに自分の財産を書いておくことが大切です。

とはいえ、そもそも相続の対象となる自分の財産について、何が、どこに、いくらあるのか、きちんと把握していない方も少なくありません。遺言書を書く前に、財産の情報を調べましょう。

預貯金については通帳を見ます。たいていは通帳の表紙の裏に、支店名、預金の種類、口座番号が記載されています。残高は変動する可能性もありますが、だいたいどれくらいになるのか、どのように分けられるのかを確認するため、最新の額を確認しましょう。

株式や投資信託、債券などを証券会社に預けている場合は、証券会社から定期的にレポート（報告書）が送られてきているはずです。これをみれば、金融商品の情報が一発でわかります。

不動産の場合は、その不動産の近くの法務局に行って不動産登記全部事項証明書をとってきます。

その他、生命保険、車両、美術品や骨とう品など、集めておきたい資産情報のリストを次のページにまとめました。こちらも参考に準備してください。

入手しておきたい資産情報

項目	遺言書の記載項目
戸籍謄本(抄本)	遺言書には、人違いを避けるために相続する人／受け取る人の氏名の他、生年月日や本籍地を書くことがあります。これらを正確に記すため、戸籍謄本または抄本を参照するとよいでしょう
不動産登記全部事項証明書	不動産は、具体的な不動産情報を遺言書に記載しておくと手続きがスムーズになります。その不動産の最寄りにある登記所(法務局)で入手します。土地であれば、所在地、地番、地目と地積(面積)を書きます。建物であれば、所在地、家屋番号、種類、構造と床面積を書きます。分譲マンションの場合、記載内容がやや複雑ですが、登記情報のとおりに書けばOKです
預貯金通帳	預貯金口座は、金融機関の名称、支店名、預貯金の種類、口座番号、口座名義を確認して書きます
有価証券類	名称や証書番号を記します。株式や投資信託などは、預けている証券会社から送られる報告書を見ます。株式であれば発行会社の名称、株式の種類、株数を確認して書きます。投資信託などその他の金融商品は、商品の名称、委託者名、受託者名、口数などの情報を書きます
生命保険証書	遺言書に生命保険について書く場合、保険会社の名称、保険の種類、証書番号、契約者名、被保険者名、受取人などを書きます。これらは保険加入時に保険会社から受け取る保険証書に記載されています。また、定期的に送られてくる契約内容のお知らせにも記載されています
鑑定書類	ダイヤモンドや宝石、貴金属、絵画美術品など鑑定書がついていれば、その発行者や発行番号なども記します

いざ、書いてみよう

まずは冒頭から

まずは冒頭に「遺言書」と書きましょう。「遺言書」あるいは「遺言状」というタイトルは必須ではありません。しかし、それが「遺言書」なのか、ただの手紙なのかわかりにくいこともあります。やはり「遺言書」というタイトルは書いておきましょう。

ここから本文に入ります。「遺言者（氏名）は、……」と、自分の名前を書いて本文を書きだします。「私は、……」「私、●●●●は……」でも構いません。あなたの遺言書であることがはっきりとわかれば結構です。

参考までに、遺言書の書き方の例を載せておきます。

遺言書の書き方例

遺 言 書

遺言者秀和太郎は、次の通り遺言する。

（本文）

2〇〇〇年〇月〇日

東京都〇〇区〇〇×丁目×番×号

秀和 太郎 秀和

遺 言 書

私、秀和太郎は、遺言として
次のことがらをここに記す

（本文）

2〇〇〇年〇月〇日

東京都〇〇区〇〇×丁目×番×号

秀和 太郎 秀和

「私、秀和太郎は、次のとおり遺言をする」などという「柱書き」は必須ではありません。そのまま本文を書いてもOKです。

「第1条、第2条……」あるいは「1、2、……」というふうに、項目ごとに番号をふることもありますが、これも必須ではありません。項目が少ないときは番号をふらなくてもよいです。他方、項目が多い場合には、番号を付けたほうがわかりやすくなります。

ここで参考までに、最もシンプルな遺言書の文例を次のページに載せておきましょう。

例えば、配偶者のみにすべての財産を相続させるのであれば、これで大丈夫です。

もう少し細かく相続させたい方は、ここから先は文章に注意しながら書きましょう。

遺言書の文章はとても大切です。ご自身の想いと書いてある文章が一致していなければ、結果的にその遺志は実現しません。

最もシンプルな遺言書の文例

遺言書

私は、遺産のすべてを妻 秀和花子に相続させる。

令和〇年〇月〇日

秀和太郎 （秀和）

とてもシンプルですが、自筆で、日付、署名、
捺印があるので立派に効力のある遺言書です

財産と相続させる人を1条ずつ書く

さて、いよいよ相続の内容を書きましょう。

さきほど調べた相続させる財産と、相続させる人を、1条ずつ書いていきます。多い少ないに関係なく、自分がこれまで積み上げ築いてきた財産ですから、死後も納得のいくように活用してもらえるよう、十分に吟味してから書き始めましょう。

書くときのポイントですが、基本的に「相続させる」という言葉を使います。「与える」「譲る」「渡す」「〇〇のものとする」という書き方は、「遺贈」という解釈になってしまうので避けましょう。

「相続させる」と書いておけば、「相続人の指定」となるため、登記手続きをその人のみで行えますが、「遺贈」の場合は相続人全員の印鑑証明書が必要になってしまいます。

参考までに、いくつか文例を載せておきます。

財産の分け方（137ページ）と財産目録（139ページ）については、この次に詳しく説明します。

1人に土地含むすべての財産を相続させる文例

私、秀和太郎は、下記不動産を含むすべての遺産を、長女秀和一子に相続させる。

・土地
所在　○○県○○町○丁目○
地番　○番○
地目　宅地
地積　○○.○○平方メートル

不動産登記全部事項証明書の記載を正確に書き写します

1人に相続させ、もしもの場合にも備える文例

遺言者は、財産の一切を妻、秀和花江（○年○月○日生）に相続させる。

上記秀和花江が、遺言者の死亡以前に死亡した場合は、遺言者の財産のうち不動産を弟、秀和次郎に相続させ、預貯金を秀和花江の姉である田中秀子に遺贈する。

相続分と異なる割合で分割する文例

- 遺言者秀和秀夫は、財産目録（別紙）の不動産を、妻、秀和秀子（○○年○月○日生）、および、長男秀和秀一（○○年○月○日生）に、各二分の一の持ち分割合により相続させる。
- 遺言者秀和秀夫は、上記財産目録に記載の株式を、長男秀和秀一（○○年○月○日生）と二男秀和秀二（○○年○月○日生）に、株数で各二分の一ずつ相続させる。

  なお、端数は長男の相続分とする。

換金精算して分割する文例

遺言者の有する全ての財産を売却処分して、そこから遺言者の債務を全て弁済し、遺言の執行に必要な費用を除いた残金を、次のとおりに相続させる。

長女　秀和秀子（○○年○○月○日生）に　八分の五

二女　秀和一代（○○年○月○○日生）に　八分の三

特定の相続人に相続をさせないときの文例

遺言者の長男秀和一男は（××年×月×日生）は、遺言者に対してしばしば暴力をふるい、金銭を無断で持ち出す、家財を壊すなど許しがたい行為を繰り返し行ったため、遺言者は長男秀和一男を相続人から廃除する。

特定の相続人を相続対象から外すことを「廃除」と言います。廃除については141ページを参照してください

内縁関係者に財産を残す文例

1、内縁の妻、秀和かずよ(○年より現在に至るまで同居中。○年○月○日生)に、以下の財産を遺贈する。

相続人ではないため「遺贈」となります

・現金　300万円　○○銀行○○支店貸金庫内保管
・貴金属類　居宅内(○○市○○　○―○保管のもの)一切

付言　秀和かずよは、○年○月○日よりずっと、私の家庭の事情を理解したうえで共に暮らし、支えてくれたかけがえのない存在です。本妻の一美には苦労をかけましたが、大変勝手ながら、上記の財産を彼女に譲ることを理解してくれるよう、重々お願い申し上げます。

未成年後見人を指定する文例

私が死亡した際に、長女、秀和さくらが未成年である場合は、私の実母である秀和すみれ(○○年○○月○日生)をさくらの未成年後見人として指定します。
また、未成年後見監督人には、私の友人である小竹秋夫(○○年○月○日生)を指定します。

未成年後見監督人は、未成年後見人が適切に役割を果たすかどうか監督する役割があります。後見人の配偶者や親、兄弟姉妹はなれないため、それ以外の親戚や信頼できる第三者を指定する必要があります

財産の分け方

不動産については、相続人のうち誰か一人に相続させる方法と、指定した割合で共有にする方法があります。一般的には共有は避けたほうがいいでしょう。将来的にもめる可能性があるからです。

例えば、夫が、同居している妻と長女に半分ずつ共有で相続させるということは考えられます。子どもが長女1人であれば、妻が亡くなった後、その持ち分も長女が相続しますから、トラブルにはなりません。

しかし、もし子どもが2人以上いるときは、妻の持ち分についても妻が亡くなったときに遺産になります。妻が遺言書を書いていなければ、兄弟の間でもめることになります。できればだれか1人に相続させるのがよいでしょう。

銀行預金・郵便貯金を複数に分ける場合、2つの方法があります。口座毎に相続する人を指定する場合と、すべてを合算して割合を指定して相続させる場合です。

東京三菱ＵＦＪ銀行麹町支店の定期預金口座は妻に
三井住友銀行麹町支店の普通預金は長男に
みずほ銀行麹町支店の普通預金は長女に

このような遺言書もときおり見かけますが、お勧めしません。預金は残高が変動します。遺言書を作成した後、いろいろな事情でまとまった金額の預金を使ってしまった場合、誰かの預金だけが極端に少なくなってしまう、という事態になってしまいます。公平に分けるなら、残高の変動による影響を受けないために、割合を指定して相続させるほうがお勧めです。

すべての預貯金のうち、３分の１は妻へ、３分の１は長男へ、３分の１は長女へ相続させる。

財産目録を作る

遺言書では「すべての財産」という書き方でもよいのですが、たくさんの人に分けて取得させる場合には、**財産目録**を書く必要があります。

ですが、いろいろな種類の財産があるときは、目録を手書きするのが大変でした。途中で書き損じてしまうと、書き直したり、訂正印をしたりといった手間がかかります。

そこで、平成31年1月から法律改正により、財産目録だけは自筆ではなくパソコンなどで作成してもよいということになりました。

財産目録の形式は問われませんので、財産情報が抜け漏れなく確認できれば書き方は自由です。ただし、すべてのページに署名捺印が必要です。

手書きの遺言書本体とは別の用紙にして、ホチキスや契印を使って一体であることがわかるようにします。

財産目録の文例

財　産　目　録

（専有部分の建物の表示）

所　　　在　　東京都●区●3丁目●

家屋番号　　●の1001

建物の名称　　タワーマンション1001号室

種　　　類　　居宅

構　　　造　　鉄骨鉄筋コンクリート造1階建

床　面　積　　10階部分　88、88㎡

（敷地権の表示）

土地の符号　　1

敷地権の種類　所有権

敷地権の割合　154321分の8223

以　上

2023年1月23日　秀和太郎 秀和

財産を与えたくない相続人がいる場合――廃除

もしも法定相続人の中に、暴力などの明確な理由により、自分の財産を与えたくない人がいる場合は、その人を相続人から外すように遺言書に書くことができます。これを**「廃除《はいじょ》」**と言います。廃除された人は、11章で説明する「遺留分」もなくなり、いっさいの遺産を受け取ることができなくなります。

ただし、遺言書に書いたとおりに廃除するためには家庭裁判所の許可が必要です。単に「仲が悪い」といった理由では廃除できないので、具体的な理由を書いておく必要があります。廃除の書き方は、135ページの文例を参考にしてください。

なお、廃除できるのは遺留分の権利をもつ相続人のみなので、兄弟姉妹は対象になりません。兄弟姉妹には遺留分の権利がないので、他の人に相続させることを遺言書に記しておけばそれで済むのです。

注意！　相手が先に亡くなってしまったら……

「夫が妻に財産のすべてを相続させるという遺言書を書いておいたけれども、妻が先に亡くなってしまった……」というケースも少なくありません。そうなると、その遺言書は無効になってしまいます。

また改めて遺言書を書き直せばよいといえばよいのですが、妻を亡くした悲しさから書く気がしなかったり、葬儀や法事で忙しくなったりして書けないこともあります。あるいは認知症になっていて遺言書を作れなくなっている可能性もあります。

そこで、最初に遺言書を書くときに、相続人が先に亡くなったときのことも書いておきましょう。「自分が亡くなったときに、妻が先に亡くなっていたら、子どもや親戚に相続をさせる。あるいは●●に寄付をする」。そのように書いておけば、書き直す必要はありません。

「相手が亡くなったら●●する」はNG？

例えば、相続させたい妻が健在の場合、「私が死んだら全財産を妻に相続させる。妻が亡くなったら娘の●●に相続させる」と夫が書くケースもあるのですが、これはNGです。前のケースと似ているように思えますが、この場合は「相続した妻が亡くなったときに妻の財産について相続人を指定している」ことになります。遺言書は、あくまでも自分自身が亡くなったときのことを書くものであり、自分が亡くなった後、妻が亡くなったときのことまでは書けないのです。なので、他人が自分から相続した財産をどうするかは指定できません。

また、「私と妻が亡くなったら、自宅は長女に相続させる」という遺言書を書いた方もいらっしゃいました。ご夫婦のどちらかが生きている間は自宅に住み続けるが、2人とも亡くなったら長女に相続させたいという趣旨だということでした。その気持ちはわかります。文書もそのように書いてあります。

しかし、複数の人が同じ遺言書で書くことは法律で禁止されており、無効になってしまいます。遺言書はひとりずつ別々に書いてください。

このような場合は、妻も同じような内容の遺言書を書くといいでしょう。

複雑な場合は専門家に相談を

数行程度の簡単な遺言書であれば、自分で考えて書いてもよいのですが、財産の種類が多かったり、法定相続人が多くて複雑だったりするときは、やはり専門家に文案を作ってもらうか、自分で作成した文案をチェックしてもらいましょう。

遺言書を得意とする行政書士、司法書士、弁護士に相談してください。なお、相続・遺言に詳しい行政書士、司法書士はたくさん存在しますが、相続のトラブルを解決しているのは弁護士だけです。行政書士、司法書士には扱えません。弁護士は、相続トラブルの経験も踏まえて遺言書を考えられるところが強みです。

また、相続税に強い税理士と弱い税理士がいるように、弁護士にも相続・遺言に強い弁護士とそうでない弁護士がいるということに注意してください。複雑な相続案件は専門家でも難しいので、知識経験が豊富でないと判断を誤る危険があります。

「付言」で家族への感謝を形にする

遺言書は、たんに財産の分け方、処分の仕方を書いておくだけというものではなく、家族に対する感謝を表すものです。自分の財産を相続させることは、その感謝を形にすることです。ですから、遺言書を書く前に、自分の人生において今までどのように家族と関わってきたかを振り返ることが大切だと思います。

さらに、その感謝を具体的な言葉として書くのが「付言」（ふげん）です。

付言には、「遺言書の内容について家族に理解をしてもらう」という、とても大切な効果があります。例えば、長男（兄）と長女（妹）の2兄妹がいて、同居していた長男に多くの財産を相続させる場合、何も理由が書いていないと長女には不満が生じます。そんなケースで、付言としてその理由を書いておけば、長女も納得できるのです。

ぜひ、「付言」も書きましょう。

参考　遺言書の文例集

迷ったときはいろいろな文例を参考に

何も見ないで遺言書を書くのは難しいです。まずはいろいろなサンプルを見てみましょう。もちろん、実際に書くときは自分で考えて書きます。自分なりの表現で他にはないオリジナルの遺言書を書きます。

しかし、法律に基づいた内容もあります。文章や語句が不適切だと、最悪の場合、効力が認められません。せっかく書いたのに無駄になってしまいます。

いろいろなサンプルを見ておくと、私もこれを同じことを書いてみたいと気づくことがあります。それによって、より充実したものになっていきます。

いくつか載せますので、参考にしてみてください。

**文例① 子どもたちに不動産と
　　　それ以外の財産を分けて相続させる遺言書**

遺 言 書

第1条　遺言者は、遺言者の有する財産のうち後記の不動産を、遺言者の長男である●(昭和●年●月●日生)に相続させる。長男が遺言者より前にまたは遺言者と同時に死亡した場合は、長男の法定相続人に法定相続分の割合で遺贈する。

第2条　遺言者は、遺言者の有する財産のうち後記の不動産を除く財産のすべてを、遺言者の長女である●(昭和●年●月●日生)に相続させる。長女が遺言者より前にまたは遺言者と同時に死亡した場合は、長女の法定相続人に法定相続分の割合で遺贈する。

第3条　祖先の祭祀を主宰する者として、遺言書の長男である●を指定する。

第4条　遺言者は、この遺言の遺言執行者として次の者を指定する。

主たる事務所	東京都千代田区麹町六丁目4番 麹町ハイツ406号
名　　　称	弁護士法人レセラ(東京弁護士会所属)
代 表 社 員	大竹　夏夫(東京弁護士会所属)

第5条　遺言執行者に対し、遺言者の有する預貯金等の名義変更、解約及び払戻しをする権限並びに遺言者名義の貸金庫があるときはこれを開扉又は解約し収納物を取り出す権限を与える。

第6条　次の費用等は、本遺言により財産を相続する者が相続割合により負担・承継するものとし、遺言執行者は、遺言者の遺産の中から適宜支払うことができるものとする。

（費用等の表示）
・遺言者の葬儀費用
・遺言者の、未払いの租税公課、入院費用、その他の未払い債務
・本遺言の執行に要する費用（遺言執行者に対する報酬を含む。
　なお、その金額は遺産総額の○%相当額（税別）とする。）

財　産　目　録

（専有部分の建物の表示）

所　　　在　東京都○区○○3丁目○

家屋番号　　○の○○

建物の名称　タワーマンション1001号室

種　　　類　居宅

構　　　造　鉄骨鉄筋コンクリート造1階建

床面積　　　10階部分　88、88㎡

（敷地権の表示）

土地の符号　1

敷地権の種類　所有権

敷地権の割合　154321分の8223

以　上

文例② 二人の娘に同額の預金を、
同居してくれた長男夫婦に多めに預金を相続・遺贈させる遺言書

遺言書

遺言者秀和花子は、以下の通り遺言します。

1、遺言者の有する預貯金（○○銀行○○支店普通 口座番号00000）から、長女佐藤かず子（×× 年 × 月 × 日生）、二女鈴木ふみ子（△△年△月△日生）にそれぞれ1千万円を相続させる。

2、遺言者の預貯金（上記に同じ）の中から500万円を、長男秀和浩一郎の妻、さなえ（XX年X月X日生）に遺贈する。

3、上記の2500万円を除く一切の財産を、長男浩一郎（YY年Y月Y日生）に相続させる。

付言　長男浩一郎は、父一郎が残した事業を継いでくれました。妻のさなえさんは、私と同居し、苦労の多い介護を不満も言わず担ってくれました。おかげでかず子とふみ子には迷惑をかけずに暮らして来られました。それを考え、このような内容にしています。
皆が仲良く幸せに暮らすようにと願っています。

令和○年○月○日
東京都○○区○○　△△—△
秀和 花子 (秀和)

文例③ 夫が一人息子に財産と祭祀財産を相続させ、遺言執行者を指定する遺言書

遺言書

遺言者秀和太郎は、その所有する不動産、その他一切の財産を、長男である秀和正太郎(〇〇年〇月〇日生)に相続させるものとします。

また、遺言者は祖先の祭祀を主宰する者としても、長男の正太郎を指定します。

遺言者はこの遺言の遺言執行者を次の人に指定、依頼しました。

弁　　護　　士　　　一秀 正和(××年×月×日生)
一秀法律事務所　　　〇〇県××市1－2－3　中央ビル3F

付言　私の亡き後、くれぐれも妻・一子を大切にしてくれるようお願いします。何かわからないことがあれば、一秀先生に相談してください。無理をしすぎないよう体に気をつけて。

いつまでも、ふたりの幸せを願っています。

〇年〇月〇日

秀和 太郎 ㊞

文例④ 団体に遺贈する場合の遺言書

遺言書

私、秀和太郎は、遺言として次のことがらを記します。

・私の一切の財産を、特定非営利法人○○協会（住所：○○県○○市○○区　**…）に遺贈します。

・遺贈の使途は、特定非営利法人○○協会の事業に限定します。○○の発展に役立ててもらうことを強く望みます。

第三条	遺言執行者として、次の者を指定します。
氏　名	小竹秋夫
職　業	弁護士
生年月日	○○年○○月○○日生
所　属	小竹法律事務所
	京都府○○区○○……

令和○年○月○日

秀和 太郎 ㊞

財産の使途を書くこともできますが、法的な拘束力はないため、あくまで希望を伝えるものになります

文例⑤ 子を認知し、相続させる遺言書

遺言書

私、秀和太郎は、次のとおりに遺言します。

1、遺言者は次の者を、竹中秀子との間の子として認知します。
竹中一郎(本籍　〇〇県〇〇市〇〇町×町目×番×
〇年〇月〇日生)

2、上記、竹中一郎に、遺言者の預貯金のうち下記の口座にある金額を相続させます。
〇〇銀行〇〇支店 普通 000000000

認知をした子は相続人になるので、財産を与えるときは「相続させる」と書きます

3、遺言執行者を以下に指定する。
弁　護　士　小竹秋夫
小竹法律事務所　京都府〇〇区〇〇……

〇年〇月〇日
秀和 太郎 (秀和)

第８章のまとめ

- □ 遺言書は「形式」よりも「中身」が大切
- □ 財産などは確実に調べる
- □ 文章の表現は文例を参考に慎重に
- □ 複雑な遺言書は専門家に相談する
- □ 家族への感謝を形にする

第9章

遺言書を書いてから

作成した遺言書はどのように保管する？

そのままか、封をするか

遺言書は封筒に入れなくても構わないのは、第8章で説明したとおりです。ですので、封をしても、しなくても、構いません。

遺族の手間を減らしたいのであれば、後述する「検認」の手続きをしなくて済むようにそのまま保管するのがよいでしょう。

それでも、「なんとなく知られたくない」という気持ちや、知られたくない事情があるようでしたら、封筒に入れて保管するのがよいと思います。

作成後に書き換えたりする可能性もあることを考えると、封をする前にコピーをとっておくのがよいでしょう。

自宅で保管する場合

作成した遺言書をどこにしまっておくかという問題は、とても重大です。家族であっても内緒にしておきたいという場合には、どこかに隠しておく必要があります。しかし、あまりに隠しすぎると、いざ自分が亡くなったときに見つけてもらえないという事態になりかねません。

作成した遺言書を、仏壇の裏側に貼り付けて隠しておいたというケースがありました。家族は遺言書を見つけることができず、遺産分割協議を行い、各種の手続きを済ませてしまいました。最後に自宅を片付けたとき、その遺言書を発見したそうです。

もっと早く遺言書が見つかっていれば、親族がもめずに済んだのに……という残念な結果になってしまった事例です。こんなことにならないように、注意をしましょう。

とはいえ、見つかりやすい場所に保管しておくと、家族に隠されてしまったり、紛失してしまったりという事態も考えられます。火災が起こって焼失してしまうという可能性もあります。

もし自宅に耐火金庫があるのであれば、そこに入れておくのもひとつの方法です。火災になっても燃えずに残ります。隠されたり、改ざんされたりするのも防げます。

同じ内容の遺言書を複数書いておいて、別々の場所に保管するものひとつの方法です。焼失などを避けることができます。

自宅以外で保管する場合

銀行などの貸金庫があれば、そこに入れておくのもよいでしょう。こちらも火災によって焼失したり、盗まれたりする心配がありません。亡くなったときは親族が貸金庫を開けるはずですので、遺言書が見つからなかったという事態も避けられます。

信頼できる人に預けておくのもひとつの方法です。弁護士などの専門家に預けておくのもよいかもしれません。弁護士や行政書士といった職種の方は、遺言書を預かっていることが少なくありません。ただ、預けておいた専門家が亡くなったことを知らずに、遺言書がないものとして相続手続きをしてしまったという事態が起こっているのも現実です。

法務局の保管制度を活用する場合

先に説明したとおり、自筆証書遺言は、以前は公正証書遺言とは異なり自分で保管しておく必要がありました。そのため、紛失や隠ぺい、改ざんといったリスクがありましたが、このようなデメリットを解消するために、令和2年から開始されたのが**法務局に自筆証書遺言を保管できる制度（=自筆証書遺言書保管制度）**です。

法務局は不動産登記や法人登記、供託《きょうたく》を扱う政府の機関です。法務局は全国各地に設置されていますので、最寄りの法務局は法務省のホームページで確認してみましょう。

自筆証書遺言を保管できる法務局は、**住所地を管轄する法務局、所有している不動産の所在地、本籍地を管轄する法務局**の中から選べます。作成した遺言書が法務局の規定に従っているか、提出する前にもう一度確認してみましょう。

保管制度を利用する場合は、作成した自筆証書遺言を持参し、法務局で保管の申請をします。これは必ず本人が出向く必要があります。代理人は認められていません。

保管申請には、顔写真付きの身分証明書が必要です。保管手数料は3900円（令和5

年1月現在）です。保管時に支払えば、その後の費用はかかりません。

遺言者が亡くなった後、相続人や遺言執行者などの権利を有する人は、法務局に対して、遺言書が保管されているか否かの照会、遺言書の内容の確認、各種証明書の交付申請をすることができます。

注意しておきたいのは、遺言書の保管制度を利用すれば、紛失・改ざんを防止したり、検認を省略したりすることができますが、その遺言書が有効か否かは確認してもらえない点です。後日その有効性について相続人間で紛争になる可能性は残ります。必ずよく確認してから制度を利用しましょう。

遺言書のことを伝えるべき？

家族に内容を説明してもよいのか

遺言書を書きたい人によく聞かれる質問が「遺言書の内容を家族に伝えてよいですか」というものです。

遺言書の内容は内緒にしておかなければならないというルールはありません。内容を伝えても、遺言書が無駄になるわけではありません。しかし、人によっては、遺言書の内容に不満を持つ可能性があります。

実際にあったトラブルとしては、親の遺言書の内容がわかった途端に姉妹の関係が悪化し、なんと親を隠されてしまって会えなくなってしまったという事例がありました。

トラブルの心配があるときは、事前にひとりずつ会話して、遺産に関する要望や意見を聞いておくのがよいでしょう。

遺言書の存在をどのように伝えるのか

遺言書の内容を家族には伝えないと決めた場合、遺言書があること自体はどのように伝えるのかも問題になります。遺言書を書いた後に悩ましいのは、前述の保管場所と、この家族に伝えておくかどうかです。

内容は伝えないものの、遺言書があることだけでも伝えておくことは必要です。そうでなければ、遺言書を探すことなく、遺言書があることに気づかないまま、相続手続きをしてしまうリスクがあるからです。

とはいえ、ケースによっては、遺言書があることを伝えるだけでもトラブルになってしまうこともないとは言えません。疑心暗鬼な子どもが遺言書の内容が気になってしまい、親を脅して内容を説明させる、さらには書き換えを迫る、という事態も発生しています。

結局のところは、家族の状況や気持ちを考えて、どこまで伝えるのかを慎重に判断して決めるしかありません。

遺言書を直したくなったらどうするのか

遺言書を訂正する方法

遺言書を書き損じたので直したいとか、一部だけ変更したいという場合は、遺言書の一部を訂正することができます。ただし、その方法は法律で定められており、厳格です。他人が書き換える改ざんのリスクを防止するためですので仕方ありません。

遺言書の一部を訂正するには、まず、削除する文字に線を引く、あるいは追加する場所を示して文字を追記します。次にその場所に訂正印を、削除線や追加した文字にかかるように押します。そして、余白にどこに何を訂正したのかを自署して、署名をします。

このように訂正は方法が厳格で、認められないリスクがありますので、新しい遺言書を作り直したほうが無難です。

遺言書の訂正の仕方

第1条　遺言者は、遺言者の有する土地と建物を、遺言者の

~~長男㊞秀和一郎~~ に相続させる。

二男　秀和二郎

❶ 捺印は訂正の線や文字にかかるようにします

令和5年1月1日

東京都○○区○○

△△－△

秀和 太郎 ㊞

上記第1条中、6文字を削除、6文字を追加　秀和太郎

❷ 余白に訂正事項を記載し、署名します

遺言の取り消し（撤回）をする方法

遺言書は取り消す（撤回する）ことができます。遺言書を撤回するときも遺言書で行います。「令和○年○月○日作成の遺言を取り消す」という具合に書きます。

いつどんな遺言書を作成したか忘れてしまったということもあるでしょう。そんなときは、「これまでのすべての遺言を取り消す」と書く方法もあります。これで過去の遺言書はすべて取り消されたことになります。

迷ったら何度でも作り直そう

このように、遺言書は何度でも作り直すことができます。内容の違う新しい遺言書を作成すれば、それによって古い遺言は無効になります。

すぐに内容を変えられますから、いつまでもあれこれ悩んでいないで、さっさと書いてしまいましょう。その後気が変わったら、そのときに新しい遺言書を書けばいいのです。

第9章のまとめ

- □ 遺言書の保管場所は重要なので慎重に検討する
- □ 法務局の保管制度はメリットが大きい
- □ 遺言書の内容を伝えるかどうかも慎重に判断する
- □ 遺言書は何度でも作り直せるので、さっさと完成させる

第10章

意外と知らない遺言者が亡くなった後の手続き

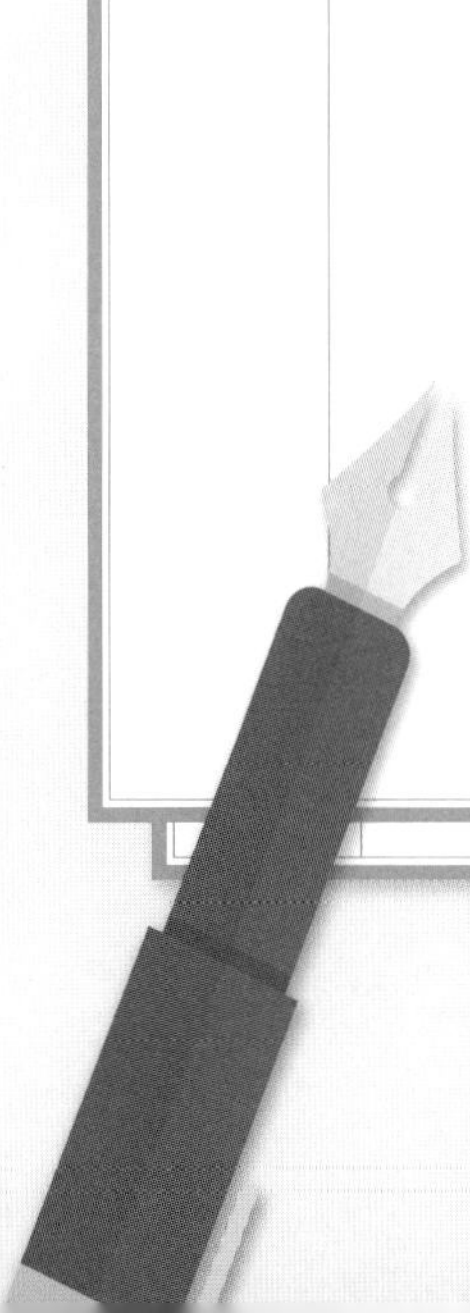

遺言書の「検認」について

「検認」とは何か？

自筆証書遺言は、書いた人が亡くなったときは、家庭裁判所で行われる検認の手続きをしなければならないことになっています。また、封筒に入っている場合は、裁判所で開封する必要があります。遺言者が亡くなっても、勝手に開封してはいけません。これも検認の手続きのなかで開封されることになります。

どのような手続きか、流れを確認していきましょう。

「検認」の手続きの流れ

1．必要書類を揃える

検認に必要なのは、申立書と戸籍謄本類です。問題は戸籍謄本類です。相続人全員の戸籍謄本に加え、遺言者の出生から死亡までの戸籍（除籍）謄本が必要になります。これらを取り寄せるのが大変です。

2．検認の申し立てをする

揃えた書類を家庭裁判所に提出します。郵送もOKです。

3．検認期日の通知が郵送される

裁判所から相続人全員に検認期日の案内書（日時・場所）が送付されます。

4．検認期日が行われる

審判廷において、審判官（裁判官）の面前で、遺言書が開封され、遺言書の記載内容を確認します。

5．遺言書に証明書が添付される

検認を行った旨の家庭裁判所の証明書が遺言書に添付されます。

「検認」のメリットとデメリット

検認をするメリットとは？

検認自体は、法律上しなければならないことになっているので行うだけで、はっきり言ってメリットといえるようないいことはありません。となるとしたくないと思う方もいるでしょう。

検認の手続きをしないと、罰金（過料）が科せられることになっていますが、ほとんど実行されていません。検認をしないと遺言が無効になるわけでもありません。

しかし、実際には、検認をしないと登記所（法務局）では受け付けられず、不動産の名義変更や銀行の手続きなども進められないため、検認の手続きは避けては通れません。

検認のデメリット

費用はそれほどかかりません。遺言書1通につき、家庭裁判所に支払う収入印紙800円分と、連絡用の切手（申し立てをする家庭裁判所に枚数を確認）を提出します。それだけです。

しかし、時間がかかります。

まず、家庭裁判所に検認の申し立てをする準備ですが、申立書自体は2ページしかありませんから、さほど時間はかかりません。時間がかかるのは、戸籍謄本・除籍謄本類を取り寄せる作業です。亡くなった人（＝遺言者）が生まれたころまでさかのぼって戸籍謄本類を取り寄せます。早くても2～3週間、相続人の人数が多いと、1～2か月はかかります。

裁判所に検認の申し立てをしてからは、相続人を呼び出すために、1か月半程度の先に検認期日の日時を設定し、相続人全員に通知することになります。検認期日自体は30分程度で終わり、その後すぐに裁判所の職員が証明書を付けてくれます。

このような流れになっていますので、準備を始めてから検認が終わるまでに3か月から4か月はかかります。

加えて、必ず、裁判所から相続人全員に「誰々さんの検認期日をします」と通知されてしまいます。なので、すべての相続人がその通知書によって、遺言者が亡くなったこと、自分が相続人であること、遺言書があることがわかってしまうのです。

通常であれば、相続人はそれらをすでに知っていることが多いのですが、前妻の子がいるケースなど、そもそも亡くなったことさえ伝えていない、伝えたくないということがあります。そうした場合には、検認手続きは大きな問題です。

もっとも、法務局の保管制度（１５９ページ）を利用すれば、検認する必要はなくなります。

遺言執行者は必要？

遺言執行者とは

遺言執行者《ゆいごんしっこうしゃ》とは、遺言者に代わって遺言の内容を実現させる人です。法律により、遺言書を実現する権限と責任が認められています。

遺言書で遺言執行者が指定されていれば、その人が遺産を管理します。不動産であれば、鍵を保管したり、誰かに管理を頼んだりします。預貯金については、通帳を預かって保管します。必要であれば、遺産を売却処分します。

さらに、遺言書を実現するために、不動産の名義を相続人の名義に変更したり、預貯金の払い戻しの手続きをしたりします。

不動産の名義変更や、預貯金の払い戻しは、遺言執行者がいなくても、相続人だけでも手続きは可能です。しかし、名義変更や払い戻しの手続きは、法律の知識が必要で、手間もかかります。相続人が複数いるときは、手続きが複雑になります。

弁護士などの専門家を遺言執行者に指定しておけば、遺言書による手続きがスムーズに進みます。相続人が高齢で自分では手続きができないというときも、遺言執行者が代わりに手続きをしてくれます。

遺言執行者だけができること

遺言執行者がいないと実現できないこともあります。

例えば、子どもの認知は、市役所に認知の届け出をする必要があるため、遺言執行者がいないと実現しません。また、遺産を使って財産法人を設立することもできますが、登記手続きなどが必要なので、遺言執行者が必要です。

遺産を換金して借金を返済し、残った残額を相続人で分けるといった内容の遺言書も、誰かが遺産を換金して返済する手続きが必要なので、やはり遺言執行者が必要になります。

遺言執行者が指定されていなかった場合

遺言書で遺言執行者が指定されていなかった場合、遺言執行者が必要なければそのままでよいのですが、遺言執行者が必要になったときは、最寄りの家庭裁判所に申請をして遺言執行者を選任してもらいます。弁護士などの専門家が遺言執行者に指定されます。

第10章のまとめ

□ 自筆証書遺言の場合、遺言書が亡くなった後に検認の手続きをしないと、相続の手続きができない

□ 検認の手続きには時間がかかる

□ 遺言執行者は、相続人に代わって遺言執行の手続きをしてくれる

ショートストーリー「検認期日」

ストーリー

「これ、お父さんの字じゃない！」

静まり返った審判廷に、長女（妹）花子の少し甲高い声が響いた。花子がそのとき初めて見たのは、父の遺言書。正確には、「父の遺言書だ」と、長男（兄）一郎が主張している便箋1枚である。

遺言書の検認手続き。

それは、審判官（裁判官）の目の前で、遺言書が入っている封筒を開封して、なかの遺言書を確認する手続きである。

東京家庭裁判所の14階にある第3審判廷。そこは、テレビに出てくる刑事裁判の法廷とさほど変わりはない。ただ、非公開のため、中に入る人は少なく、広くはない。10坪ほどである。

花子の父は昨年11月22日に、病院で亡くなった。享年87歳だった。

長く兄の家族と一緒に暮らしていたが、1年前から心臓が悪く、ずっと入院していた。84歳ころから少しずつ認知症も進んでいて、入院する前は、何度も自宅を飛び出してどこかに行ってしまう、いわゆる徘徊があり、兄夫婦は大変だったらしい。母は10年前に他界していた。

父が入院してしばらくすると、父が先代から相続していた都内にある土地（約65坪）が売却された。兄は小さなアパレル系の会社を経営しているが、経営は芳しくない。それが関係している。

兄が父に泣きついて、あるいは父を騙して、土地を売却させたのだ。売却金は、兄が持っていったので、会社の運転資金に使われてしまっているはずだ。花子は兄に何に使ったのか問い詰めたが、兄は結局説明できなかった。兄の会社は、今でも厳しいと聞く。

検認期日の呼出状が花子のもとへ届いたのは、四十九日も過ぎていない12月10日であった。

花子の父が残したのは、自筆証書遺言だった。検認は必ずしも行わなければいけないわけではないが、しないと不動産の名義変更や預貯金の名義変更や払い戻しができない。相続手続きをするためには行うほかないのである。

知り合いの弁護士に相談したところ、「早い」という。検認手続きの申し立てには、遺言者の除籍謄本や、いわゆる原戸籍《はら》（戸籍法改正以前の戸籍）など、遺言者の出生までの戸籍書類を集める必要があり、相当な時間がかかる。

弁護士は「亡くなってすぐに（検認の）申し立てをしている。おそらく亡くなる前から準備しておいたのでしょう」と言った。

検認の期日に兄は来なかった。代わりに、兄が頼んだ弁護士が来た。兄は父が亡くなる前から、いろいろと準備をしていたようだ。

もっとも、遺言書自体は慌てて作られたらしい。日付は亡くなる約1か月前の10月18日。そのころは父も相当に弱っていて、字を書くのも難しかった。

「私の遺産は、すべて長男一郎に相続させます」

遺言書の本文は、たった1行だけだった。

そして、日付と署名。署名の下に印影がある。

その印影には見覚えがあった。父が昔からよく使っている大きめの印鑑だ。これが実印だと花子が知ったのは、くだんの土地が売却されてしまったときである。兄はこの実印を持ちだして、売却手続きの書類に捺印してしまった。登記手続きをした司法書士が病院に来たという。

司法書士によると、父は「売る」と言ったらしい。しかし、認知症が進んでいたから、兄に言われたとおりに答えただけであろう。

花子は父が書いた手紙を何通も受け取っているので、父の筆跡には見覚えがある。

「父は、もっと角がとがった字を書きます。ここに書かれている字は、少し丸みがあります。それに、父は病気でしたから、こんなにまともな字は書けなかったはずです」

そう訴えると、審判官は、花子にこう説明した。

「この検認の手続きは、遺言書の状態を確認するだけなのです。有効か無効かを判断するわけではありません。もし、無効であるとお考えであれば、弁護士にご相談されたほうがよいでしょう」

その点は、すでに弁護士から聞いていた。遺言の有効性を争うには、裁判をする必要があるという。「遺言無効確認訴訟」というらしい。

向かい側の当事者席に座っている兄の弁護士は、一連のやりとりの間も、終始ポーカーフェイスだった。花子がどんな反応をするのか、わかっていたかのようである。

花子は3人兄妹。もうひとりは二女（妹）法子《のりこ》である。法子も結婚して、実家を出た。今は夫の仕事の関係で関西に住んでいる。

遠いから今回の手続きには出席しないと花子に電話してきた。法子は父の相続には関心がない。むしろ、兄をかばうようなことをいう。それがなぜなのか、花子にはわからない。

花子も、遺言書がどんなものなのか、ある程度予想はしていた。しかし、予想以上にひどいものだった。すべての遺産を兄に相続させるというのは、あまりにひどすぎる。父は生前、子どもたち3人平等に分けなさいと言っていた。

父は認知症で遺産のことを考えることはできなかったはずだ。筆跡も明らかに違う。筆跡鑑定や病院のカルテを取り寄せれば、父が書いた遺言書ではないことは裁判で証明できそうである。

兄と争いたくはないけれど、訴訟は避けられそうにない。

検認手続きは、15分程で終わってしまった。
花子は、審判廷を出ると、その廊下で、すぐに電話をかけ始めた。
それは法律事務所あてであった――。

（この物語はフィクションです）

第11章

遺留分を制する者は遺言書を制する

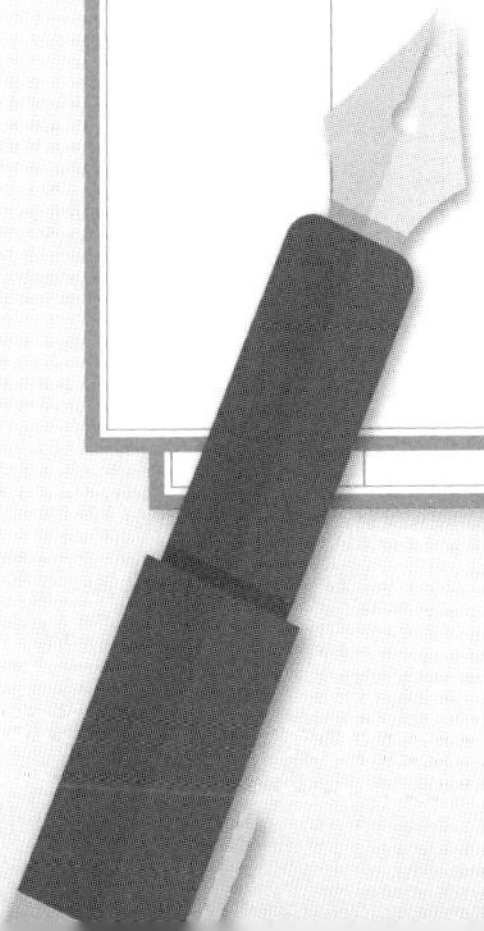

「遺留分」とは何か?

「遺留分」とは「相続人の権利」

遺言書を作成するにあたり、できれば知っておきたいのが「遺留分《いりゅうぶん》」です。「遺留分」とは、遺言で奪われた相続分を取り戻す権利です。

法律で定められている「相続人」と「相続分」は、あくまで遺言書がなかった場合に相続できる人と相続できる割合のことです。もし遺言書があれば、それに従って遺産が引き継がれるため、「相続人」と「相続分」は意味がなくなります。

自分の財産をどのように処分するかは自分で決める。それは当たり前のことです。ですから、遺言を書く人は、自分の財産（遺産）を相続人以外の人に相続させることもできるのです。

とはいえ、相続人にとっては、遺産をもらえると思ったのに一銭ももらえない、ということになったら困ってしまうかもしれません。

例えば、妻が夫の財産を相続できると思っていたのに、夫が亡くなってその遺言書を見たら、何と夫には愛人がいて、遺産のすべてはその愛人にやると書いてあった——。自宅も預貯金もすべて夫名義だったとしたら、妻は住むところさえなくなってしまいます。

そこで、相続分の一部については、相続人が取り戻すことができることにしたのが「遺留分」の制度です。遺言書を書く場合は、なるべく遺留分でもめないように配慮しておくことも大切です。

遺留分は誰が持っているのか

相続人は、配偶者（夫・妻）、子ども、両親、兄弟姉妹です。

このうち、配偶者、子ども、両親は、遺留分を持っています。原則として相続分の半分です。親だけが相続人のときは、親の遺留分は3分の1になります。

兄弟姉妹には、遺留分がありません。ですから、お子さんのいらっしゃらない高齢のご夫婦の場合、夫が亡くなったときは、妻だけでなく、夫の兄弟姉妹も相続人になりますが、夫が「自分の遺産はすべて妻に相続させる」という遺言書を書いておけば大丈夫です。

夫の兄弟姉妹には遺留分はないので、妻と義理の兄弟姉妹との間でもめ事が起こる心配はありません。

遺留分が行使される具体的な例

夫・秀和太郎さんが死亡。
遺産は自宅3000万円、預金1000万円、合計4000万円。
相続人は妻・花子さん、長男・一郎さん、長女・良子さん。
相続分は妻2分の1、長男・長女がそれぞれ4分の1ずつ。

遺言者である太郎さんは、花子さんに「すべての財産を相続させる」という内容の遺言書を書いていました。長男の一郎さんと長女の良子さんは、何も相続できません。

一郎さんは「母さんはこれからの老後で大変だろうから、お父さんの遺産は全部お母さんがもらっていいよ」と言ってくれました。

ところが、良子さんは「マンションの住宅ローンも終わっていないし、息子が医学部に入るので、まとまった資金がいるの。お父さんの遺産を全部お母さんが相続するのは困るわ」と言い出しました。

この場合は、一郎さんと良子さんには「遺留分」があります。遺留分の割合は、遺産全体の8分の1です。良子さんは、遺留分を行使して、花子さんに4000万円の8分の1である500万円をもらいました。

遺留分の仕組み

遺留分はどのようなときに行使されるのか

遺留分は、あくまで取り戻す権利ですので、一旦は遺言書どおりに財産が指定された人に引き継がれます。

もし、相続人なのに全くもらえなかった人、あるいは遺留分より少なかった人が、「それでは納得できない。もっとほしい」と思ったら、遺留分を行使します。これを**「遺留《いりゅう》分侵害額請求《ぶんしんがいがくせいきゅう》」**といいます。

逆に、私はゼロでもよい、遺留分より少なくてもよい、遺言書のとおりでよい、ということであれば、遺留分を行使する必要はありません。遺言書に書いてあるとおりのままになります。

遺留分の割合図

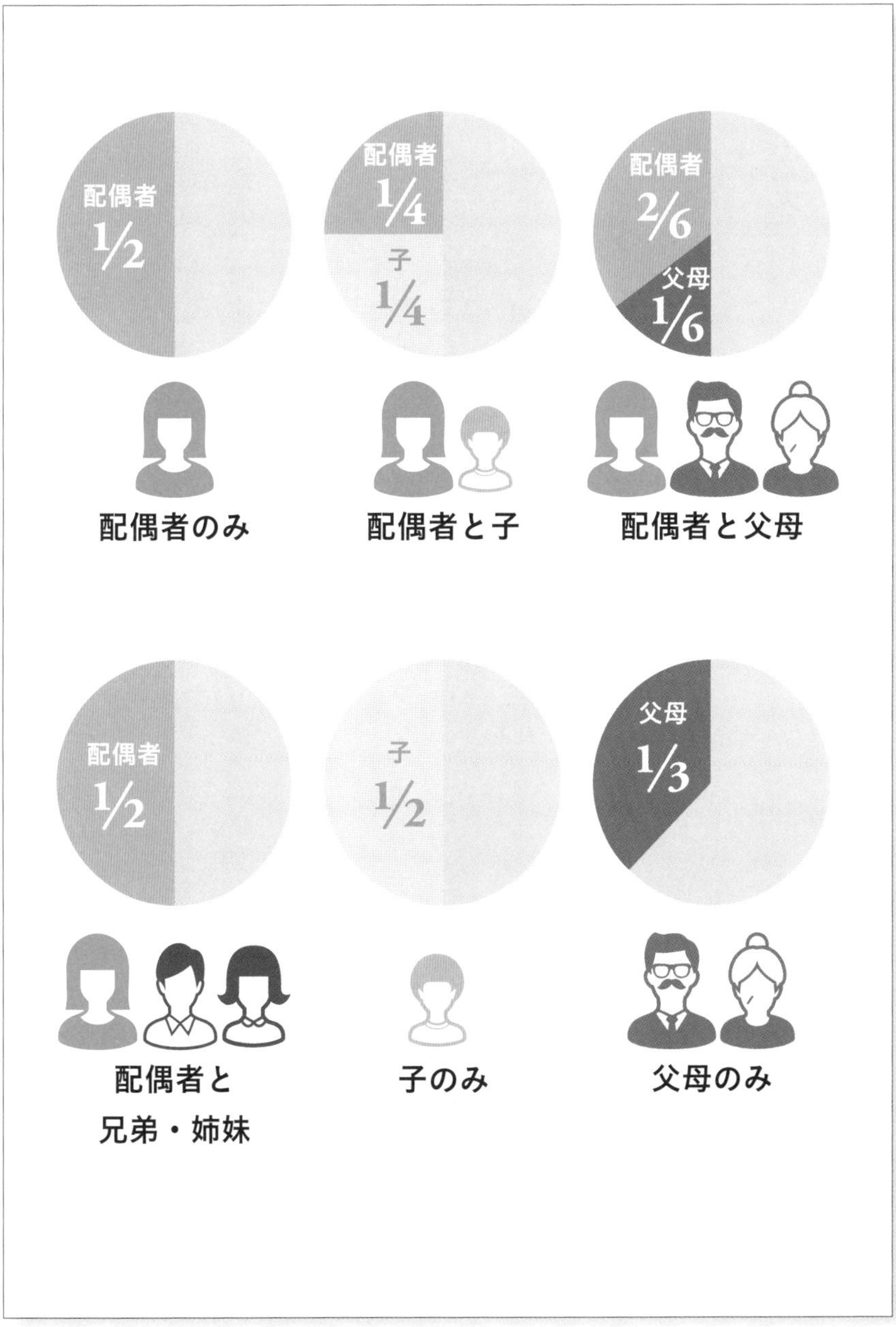
配偶者
1/2
配偶者のみ
配偶者
1/4
子
1/4
配偶者と子
配偶者
2/6
父母
1/6
配偶者と父母
配偶者
1/2
配偶者と
兄弟・姉妹
子
1/2
子のみ
父母
1/3
父母のみ

遺留分の行使――遺留分侵害額請求

遺留分制度は、平成30年に法律が改正されて大きく変わりました。それまでは、遺留分を請求した場合、遺産全体について改めて分割方法を協議する必要がありましたが、法改正後は、遺留分に相当する金額を請求するのみとなりました。手続きとしては、とてもシンプルになったのです。

遺留分を行使する際は、遺留分侵害額の計算をし、**遺留分侵害額請求**を行います。

しかしながら、遺留分の侵害額を計算するのは簡単ではありません。生前贈与なども考慮が必要です。また不動産が含まれていると、その金額を算定するのが困難です。

そのため、法改正後でも、遺留分侵害額請求をした後に相続人間で交渉したり、協議でまとまらない場合は裁判所で調停や訴訟などをしたりして解決することになります。

遺留分を行使できる期間

遺留分を行使できる期間には制限があります。

法律では、「遺留分を侵害されていることを知ったときから1年間」と定められています。

「遺留分を侵害されていることを知ったとき」は、基準として不確かです。まず遺言書を作った人が亡くなったことを知らないといけません。さらに遺言書があること自体を知ったこと、さらには遺言書の中身も知ったことが必要です。

厳密にいえば、それでも足りず、遺言書のとおり計算したところ、自分が相続できるものが遺留分に達していない、遺留分に足りないということまで知る必要があります。そこまで知って初めて1年間の期限がスタートします。

でも、遺留分の計算は簡単ではありません。とくに不動産の評価はまちまちなので、遺留分に達しているのか、達していないのかを判断するのは難しいのです。

ですので、遺言者が亡くなってから1年以上たってから遺留分を行使すると、期限後の行使であると反論されてしまいます。

遺留分の行使は亡くなってから1年以内に行っておきましょう。

遺留分対策をどうすべきか

遺留分対策は頭が痛い？

遺言書を書く人の立場からすると、遺留分対策をしておくことがとても大切になります。きちんと対策をとっておかないと、せっかく遺言書を書いたのに、遺留分行使によって相続争いが起こってしまいます。

とはいえ、遺留分は相続人にとって最低限の保障であり、強力な権利になっているので、事前に防ぐことができません。遺留分の対策としては、次のような方法があります。

遺留分対策その１
事前に相続人に説明する

遺言を書く人自身が、遺留分をもつことになる相続人に対して、事前に遺言書の内容や理由を説明しておき、遺留分を行使しないように頼んでおく方法です。

例えば、１８６ページ「遺留分が行使される具体的な例」のように、子どもはいるが妻に全て相続させたい場合、遺言者である夫は子どもたちに対して、「お母さんの老後の生活が心配だから、私の遺産はすべてお母さんに相続させる。お前たちには何も残せないが、我慢してほしい」などと頼みます。

ただ、この方法は確実ではありません。父親には「わかった。大丈夫」と言っていた子どもたちも、いざ父が亡くなったら気が変わって、あるいは事情が変わって、遺留分を行使することはありえます。それを防ぐことはできません。

遺留分対策その2
あらかじめ遺留分に近い財産を指定しておく

これは、遺産を分けたくない相続人に、遺留分に相当する財産、遺留分に近い財産をあえて遺言書で指定しておく方法です。

こうすると、遺留分を行使することができなくなりますから、遺言書のとおりに遺産を分けることができ、遺言書で遺産をもらう人との間で相続争いが起きるのを防ぐことができます。

例えば、186ページの例に挙げた秀和太郎さんの場合、良子さんには500万円相当の預金などを指定しておきます。良子さんは遺留分に相当する遺産をもらっているので、遺留分を行使することはできません。

この方法であれば、遺産の分割をめぐる話し合いを避けることができます。確実に避けられます。ですが、遺留分に相当する遺産を分けなければならない点で妥協する必要があります。

遺留分対策その3
公正証書遺言を残す

例えば、妻と娘がいる男性に、認知した息子がいる場合、息子にも遺留分はあります。ですが、その息子と全く連絡をとっておらず、どこに住んでいるのかも知らないという場合、男性は、自分の遺産はすべて妻と娘に相続させる旨の公正証書遺言の遺言書を作成しておきます。

自筆証書遺言では検認の手続きが必要なので、認知した息子にも、亡くなったことだけでなく、遺言書があること、さらには遺言書の内容まで知られてしまいますが、公正証書遺言であれば検認が不要なので、認知した息子に通知されることはありません。自筆証書遺言でも保管制度を利用していれば、同様に検認が不要です。

もっとも、この方法でも何らかの理由・きっかけで認知した息子が遺言書の事実を知ってしまい、遺留分を行使してくる可能性は十分にあります。そうなると、遺産の分割をめぐってもめることになってしまいます。このような事態を確実に防ぐことはできません。

第11章のまとめ

□「遺留分」とは「相続人が本来もらえたはずの相続分を取り戻す権利」

□「遺留分」を行使する場合は「遺言者が亡くなってから1年以内」が基本

□ 遺留分対策は難しい

第12章

遺言書を書いてもらいたい場合には

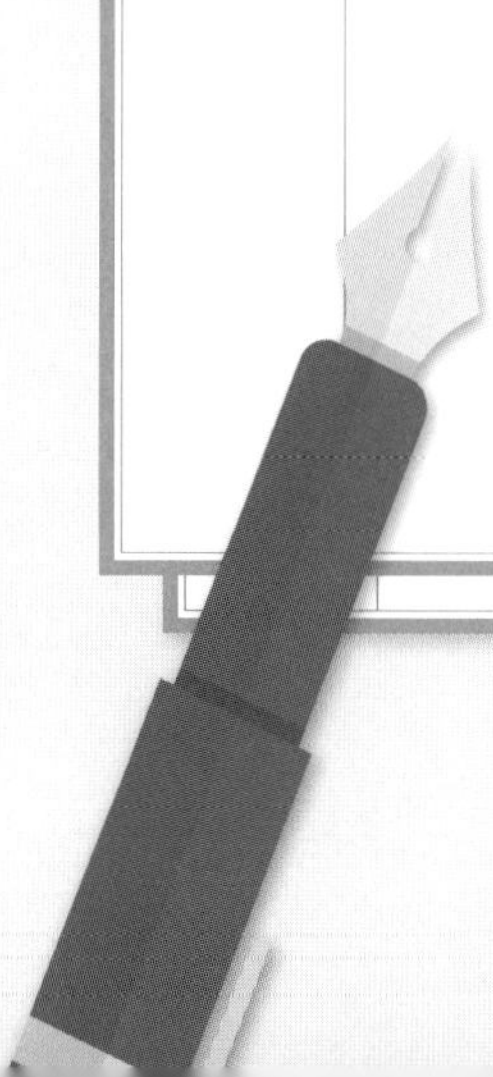

遺言書を残してほしい人がいるあなたへ

多くの人が遺言書を書かない理由とは？

ここまで説明したとおり、遺言書は書いておいたほうがいいのです。私はすべての人に遺言書を書いてほしいと思っています。せめてアメリカのように、遺言書があるほうが当たり前という社会にしたいと考えています。

しかし、残念ながら実際に遺言書を書いている人は多くありません。自分で書いて内緒にしている人も多いので、正確な数字を把握することは難しいのですが、開催するセミナーの参加者に尋ねても、遺言書を書いている人は1割にも満たないのが現実です。

また、私の元を訪ねてくる人の中でも、「親に遺言書を書いてほしい」という人は少なくありません。

自分たち兄弟姉妹で遺産をめぐる争いをしたくないから、両親に遺言書を書いておいてほしいと思う。これはある意味、親思いでもあります。しかし、子どもからそう頼まれながらも、どうしても書きたくないという親は少なくありません。

では、なぜ遺言書を書かない、あるいは書きたくないのでしょうか？

長年、老活（老後に備える準備活動）などに関するセミナーを行ってきた中で、遺言書を書かない理由を伺う機会が多くありました。そうした経験から、遺言書を書かない人は4つのタイプに分類できることがわかってきました。

理由その1
「縁起が悪い」と思っている

「お父さん、お母さんに遺言書を書いてほしい」と相談を受けることはままあります。例えば、「うちの親には不動産がいくつかあり、預貯金もそれなりにある。自分の兄弟でかならずもめるから、遺言書を書いてほしい。書いてくれないと大変だ……」とおっしゃる方がいます。しかし、父親にそのことをいうと機嫌が悪くなるそうです。

機嫌が悪くなるくらいならまだましなほうで、中には怒り出すお父さんもいます。

「何てことをいうんだ。俺はまだピンピンしているぞ。早く死んでほしいのか！」

遺言書を書いたらすぐに死んでしまうと思っているのでしょうか。あるいは、遺言書は死ぬ間際に書くものと思っているのでしょうか。なかには「遺言書」と「遺書」を混同している方もおられるようです。

「遺書」は一般的には自死を選ぶときに書くものを指しますね。「遺書を書け」ということは「死んでくれ」と言っているようなものだ……そんなふうに感じてしまうのかもしれません。

実際には、遺言書を書いたからといって、早く死ぬことはありません。絶対に関係ありません。むしろ遺言書を書いた人のほうが長生きしているように思います。だって、相続についての心配がなくなるのですから、残りの人生を心置きなく過ごせますよね。

理由その2
自分には財産がないから不要だと思っている

「自分には財産がないから（遺言書は）必要ないよ」という方がよくいらっしゃいます。

財産が1円もないというわけではないけど、それほど多くもない。だから、遺言書を書かなくても、残された家族、妻や夫、子どもたちに任せれば大丈夫。相続でもめることはないと考えているのだと思います。

しかし、これが大きな間違いです。遺産が少ないからといって、もめないとはいえないのです。

全国にある家庭裁判所で行われた遺産分割事件について、令和3年度の1年間の遺産の総額について集計されたものがあります。相続人が1人の場合に調停はありえませんから、これはすべて複数の相続人が遺産を争っているケースの数字となります。

調停のおおよそ4分の3は、遺産総額が5000万円以下でした。さらに、なんと、遺産総額が1000万円以下の調停は全体の約33％です。つまり、おおよそ3分の1は、遺産総額が1000万円以下なのです。これは驚くべき事実です。

1000万円以下ですから、実際には数百万円です。例えば遺産総額が300万円に満たないケースでも、複数人の相続人がその遺産をめぐって争っているわけです。

逆に、遺産総額が1億円を超える調停は、全体の約7％しかありませんでした。遺産が多いと相続争いが起きそうな気がしますが、現実は逆なのです。

遺産が多いと「おれは3億円でいいよ」なんて言って、遺産分割がまとまりやすいのでしょうか。逆に、少ないと「お兄ちゃんは大学入学のときお父さんから50万円出してもらったでしょ。私はその分多くもらうべき」などといって、なかなか解決しない……のかもしれません。

理由は推測に過ぎませんが、遺産が少ないほうがもめる。これは現実です。そういう傾向があるのです。そんなトラブルを防ぐのが遺言書です。

財産が多いか少ないかは関係なく、遺言書は書いておいたほうがいいのです。

理由その3 忙しくて後回しにしている

「遺言書を書くのは大切です。必要だということはわかっています。でも、今は忙しいので、いつか書こうと思っています」

こんな方もたくさんいらっしゃいます。

では、いつ書くのでしょうか?

来月でしょうか。来月になっても、たぶん仕事は忙しいので、「もう少ししたら……」になります。来年でしょうか。来年もたぶん忙しいのだと思います。再来年、その翌年も同じです。

定年退職したら暇になる？　と思っていたら、実はいろいろ誘われて、仕事をしたり、旅行に行ったり。それこそ自宅でボーっとしていて「忙しい」になったりします。

「いつか書こう」と思っている人は、結局、いつまでたっても「後で書こう」になってしまいます。このような方の「いつか」は結局来ません。そうです。遺言書を書かずに亡くなってしまうのです。遺言書を書かないと家族がもめてしまうと思いながら、結局、そのとおりの結末を迎えてしまうのです。

遺言書を書くならいつですか？　そう、今です！

理由その4　書き方・作り方がわからない

そうなんです。「遺言書」という言葉を知らない人はいないくらいポピュラーな言葉なのですが、では実際に「遺言書」って何ですか？　どうやって作るのですか？　と尋ねても、うまく答えられない方がほとんどです。「遺言書」のことをなんにも知らない方が多いのです。

あるときびっくりしたことがあります。

80代の女性からのご相談でしたが、「遺言書を書いたのだけれども、どこに署名して、どこに判を押したらよいかわからない。今日は（実物を）持ってこなかった」というご相談でした。

「最後に署名捺印すればいいですよ」なんてアドバイスして、いろいろお話しを伺っていると、話が噛み合わなくなってきました。そして、ようやくわかったのです。この方が書いたのは遺言書ではなくて、**エンディングノート**だったのです。

おそらく市販のエンディングノートを買い、長男には自宅、二男には預貯金などと遺言書の内容を書かれたのです。ただ、署名・捺印欄がない。ないですよ、エンディングノートですから。だから、わからなかった。

遺言書とエンディングノートは全く違うことをご存じなかったそうなのです。

こんなふうに、遺言書についてよくご存じない方や、いろいろ誤解されている方がたくさんいらっしゃいます。ですから、まずは本書を読んでいただき、遺言書の基本を知っていただけたらと思います。

親に遺言書を書いてほしい方へ

このように、遺言書を書きたくない理由は、ひとことでいえば勘違いであることが多いです。しかし、だからこそ、その解決は簡単ではありません。そう簡単に遺言書を書いておこうと思うものではありません。

もし身近な人が亡くなったときや、相続でもめた話があったときは、親にそのような話をして、自分たちの家族も相続でもめないようにしたいということをきちっと伝えてみてください。遺言書を書いた人のことを話題にするのもよいでしょう。

あるいは、遺言書の本は本書だけでなくたくさん種類がありますから、こうした本をプレゼントして読んでもらうのもひとつの手でしょう。最初は気が進まないかもしれませんが、何かのきっかけで読んでくれるかもしれません。

繰り返しお話ししてきたように、遺言書は「想いを形にするもの」です。

自分を育ててくれた両親が何を望み、亡くなった後にどうしてほしいと考えているのか、その想いを知りたい。そう伝えるのは、全く悪いことではないと思います。それは、相手が親であっても、配偶者であっても、自分にとって大切な人ならば同じことです。

大事なのは、あまり急がないことです。気持ちの問題ですので、すぐには進まないでしょう。かといってゆっくりしていると、遺言書を書かないまま亡くなってしまう可能性もあります。

早めに動きつつ、書いてくれる気持ちが整うまでは焦らずに待ちましょう。

第12章のまとめ

- □ 遺言書を書かないのは思い違いゆえであることも多い
- □ 遺言書を書くかどうかは気持ちの問題。書いてほしいことを丁寧に説明しつつ、時間をかけて待つことも大切

著者 **大竹 夏夫**（おおたけ なつお）

◎ 東京弁護士会所属。一般社団法人老活研究所代表理事。弁護士法人フィード代表。

◎ 成年後見、高齢者虐待問題を中心に取り組み、相続・遺言の訴訟・交渉案件も多数手がける。東京弁護士会高齢者委員会の副委員長、日本弁護士連合会高齢者委員会委員を歴任。

◎ 高齢者が元気で明るく暮らせる社会の実現を目指して、「老活」を提唱し、2015年に一般社団法人老活研究所を設立。老活弁護士としても活動する。

◎ 一般社団法人　老活研究所　http://www.roukatsu.com/

校正　大場元気
ブックデザイン　片倉紗千恵

紙《かみ》とペンがあれば誰《だれ》でも書《か》ける
いちばんやさしい遺言書《ゆいごんしょ》ガイド

発行日　2023年3月25日　第1版第1刷
　　　　2023年6月5日　第1版第2刷

著　者　大竹《おおたけ》　夏夫《なつお》

発行者　斉藤　和邦
発行所　株式会社　秀和システム
〒135-0016
東京都江東区東陽2-4-2　新宮ビル2F
Tel 03-6264-3105（販売）Fax 03-6264-3094
印刷所　三松堂印刷株式会社　Printed in Japan

ISBN978-4-7980-6949-4 C2030

定価はカバーに表示してあります。

乱丁本・落丁本はお取りかえいたします。

本書に関するご質問については、ご質問の内容と住所、氏名、電話番号を明記のうえ、当社編集部宛FAXまたは書面にてお送りください。お電話によるご質問は受け付けておりませんのであらかじめご了承ください。